Hilbert L. Meyer
Trainingsprogramm zur Lernzielanalyse

Fischer Athenäum Taschenbücher
Erziehungswissenschaft

Wissenschaftlicher Beirat:

Herwig Blankertz, Münster
Hans-Georg Herrlitz, Göttingen
Diether Hopf, Berlin
Klaus Mollenhauer, Göttingen

Lektorat/Redaktion:

Wolfgang Rasch

Hilbert L. Meyer

Trainingsprogramm zur Lernzielanalyse

Athenäum Fischer Taschenbuch Verlag

Die Reihe ›Studien zur Kollegschule‹
wird herausgegeben von der Wissenschaftlichen Begleitung Kollegstufe NW
in Verbindung mit dem Kultusminister des Landes Nordrhein-Westfalen

Athenäum Fischer Taschenbuch Verlag GmbH & Co., Frankfurt am Main
Alle Rechte vorbehalten
© 1974 Fischer Taschenbuch Verlag GmbH, Frankfurt am Main
Umschlagentwurf Endrikat + Wenn
Satzherstellung Reiner Harbering, Raunheim
Druck und Binderei Clausen & Bosse, Leck/Schleswig
Printed in Germany
ISBN 3-8072-3101-3

Inhaltsverzeichnis

	Vorwort (Herwig Blankertz)	7
	Einleitung	10
Trainingsbogen 1	Was ist ein Lernziel?	13
Trainingsbogen 2	Abstraktionsniveaus von Lernzielen	35
Trainingsbogen 3	Lernziel-Operationalisierung	55
Trainingsbogen 4	Lernziel-Dimensionierung	79
Trainingsbogen 5	Lernziel-Hierarchisierung	93
Trainingsbogen 6	Was ist ein Curriculum?	115
	Anlage 1: Lernziel-Taxonomien	137
	Anlage 2: Auswahl-Bibliographie	151
	Anlage 3: Erholungsbogen	157
	Register	167

Vorwort

Studien zur Kollegschule — Vorbemerkungen zu einer Schriftenreihe

Die Bildungskommission des Deutschen Bildungsrates kritisierte in ihrem „Strukturplan" von 1970 die Höherbewertung rein schulischer Allgemeinbildung gegenüber theoretischer wie praktischer Berufsausbildung. Die Frage, unter welchen Bedingungen eine demokratische Bildungsreform, die von der Vorschulerziehung bis zur Gesamthochschule reichen muß, daran etwas ändern kann, führt auf Probleme der Sekundarstufe II, also der Altersstufe der 16 bis 19jährigen. Das gegenwärtige Bildungssystem in der Bundesrepublik stellt für diese Jugendlichen verschiedene Institutionen der Berufsvorbereitung und der Berufsausbildung sowie der gymnasialen Oberstufe als Angebot zur Verfügung. Möglichkeiten zur Verbindung der bisher getrennten berufsqualifizierenden und studienbezogenen Lehrgänge werden diskutiert unter den Bezeichnungen „Integrierte Sekundarstufe II", „Kolleg", „Kollegstufe" und „Kollegschule".

Der Herausgeber dieser Studien zur Kollegschule ist die Wissenschaftliche Begleitung des nordrhein-westfälischen Modellversuches. Dieser Versuch beabsichtigt zunächst noch nicht eine Reform aller Einrichtungen der Sekundarstufe II, sondern beschränkt sich auf die Schule. Der Deutsche Bildungsrat benutzt da neuerdings den Ausdruck „Lernort Schule", während er mit „Kolleg" die zu einer Einheit des Bildungswesens zusammengefaßten Lernorte bezeichnet. Das ist einleuchtend und konsequent, weil auch eine vollständige Reform der Sekundarstufe II in Zukunft neben der Schule andere Lernorte haben wird: sicher Lehrwerkstätten und ähnliche Einrichtungen systematischer Ausbildung, sehr wahrscheinlich den betrieblichen Arbeitsplatz, vielleicht auch ein Zentrum für Spiel und Gestaltung.

Der nordrhein-westfälische Modellversuch erprobt, ob und inwieweit es möglich ist, eine Institution zu schaffen, die innerhalb der Sekundarstufe II den Lernort Schule darstellt. Dementsprechend sieht das Programm vor, Berufsschule, Berufsgrundschule, Berufsfachschule, Fachoberschule und gymnasiale Oberstufe zu einer organisatorisch selbständigen, neuen Jugendschule zusammenzufassen. Innerhalb des Schulwesens ist sie dann die Oberstufe, innerhalb der Sekundarstufe II der Lernort Schule — Nordrhein-Westfalen nennt das Kollegschule.

Auf den ersten Blick mag das Programm[1] als extravagant, verstiegen

---

[1] *Kollegstufe NW*, Band 17 der Schriftenreihe des Kultusministers zur Strukturförderung im Bildungswesen des Landes Nordrhein-Westfalen, Düsseldorf-Ratingen 1972

und unrealisierbare Projektemacherei erscheinen. Indessen, bei
näherer, nüchterner Analyse zeigt sich, daß die Möglichkeiten der
beabsichtigten Integration in den systemimmanenten Reformtendenzen
des Gymnasiums und der Berufsausbildung selber enthalten sind.
Das Integrationsmodell hat also seine Ausgangspunkte in den Problemen des gegenwärtigen Bildungswesens. Und es besteht durchaus
eine produktive Kontinuität zwischen dem, was gegenwärtig an vielen
Stellen unseres Bildungswesens als veränderungs- und verbesserungswürdig herausgearbeitet wird, und der antizipativen Perspektive eines
Modellversuchs, der die kommende Schule sichtbar macht.

Aus diesem Sachverhalt folgt, daß begleitende Untersuchungen,
Studien und Forschungen zum Modellversuch weder auf Themen
beschränkt sind, die unmittelbar dem Versuchsaufbau entstammen,
noch bei Erörterung spezieller Aspekte des Integrationskonzeptes
allein für dieses Konzept von Interesse wären. Vielmehr steht das gesamte für die Reform der Sekundarstufe II verwendbare Instrumentarium zur Debatte: Lernzielbestimmung, Curriculum-Entwicklung,
Wissenschaftspropädeutik, Systemplanung und Sozialisationsforschung
ebenso wie Evaluation und bildungspolitische Legitimationsfragen.
Es ist die Absicht der Reihe, die Erfahrungen, die im Umkreis des nordrhein-westfälischen Modellversuchs gemacht werden, und die Kompetenz, die sich durch intensive und am Reformziel orientierte Zusammenarbeit von Wissenschaft und Schulpraxis ergeben mag, allgemein zugänglich zu machen. Dieser Gesichtspunkt ist dem Modellversuch nicht
äußerlich. Denn die Reform kann, wenn sie ihren demokratischen
Charakter durchhalten will, nur über eine projektspezifische Lehrerfortbildung gelingen, über ein Fortbildungsprogramm, das den wie auch
immer bedingten Widerspruch der Betroffenen gegen manche Innovationen ernst nimmt, das die Gymnasiallehrer und Berufsschullehrer
nicht funktional verfügbar machen will, sondern ihnen durch die freilich
administrativ gesicherte Zusammenarbeit eine neue Kompetenz eröffnet.
Unsere Reihe soll demnach auch Instrument und Dokumentation
dieser Lehrerfortbildung sein. Sie soll deutlich machen, daß die von
ihr geförderte Kompetenz ein unbefangenes, nämlich von dem
Verdacht des Überrumpeltsein freies Verhältnis zum Reformansatz
ermöglichen will. Kompetenz heißt hier freilich wie auch sonst:
Ermächtigung zu Kritik und Distanz, zu produktiver Teilhabe und
Verantwortung. Es ist nicht anzunehmen, daß Lehrer, die die
Rolle eines aktiven Faktors für eine Reform angenommen haben, nur
zu Ergebnissen kommen werden, wie sie sich die Auftraggeber
wünschen mögen. Die daraus resultierenden Konflikte sollten aber
soweit als möglich argumentativ ausgetragen werden. In diesem

Sinne wissen sich die „Studien zur Kollegschule" an einem Interesse engagiert, das kritische Erziehungswissenschaft mit aufgeklärter Schulpraxis verbindet.

Münster, Frühjahr 1974   Herwig Blankertz

Einleitung

Diese Einführung in die Lernzielproblematik ist in Seminaren am *Institut für Erziehungswissenschaft der Universität Münster* und in Informations- und Fortbildungsveranstaltungen der Wissenschaftlichen Begleitung des *Schulversuchs Kollegstufe Nordrhein-Westfalen* entstanden. Ich danke den Teilnehmern dieser Seminare für ihre Verbesserungsvorschläge.

Eine mittelfristige Curriculum-Entwicklung — sei sie für die Kollegstufe NW oder für beliebige andere Schulformen gedacht — muß die Reformbemühungen der letzten Jahre aufarbeiten und bereits vorliegende Curricula soweit als möglich fortentwickeln. Deshalb arbeitet dieser Text mit Beispielen aus den seit 1972 in fast allen Bundesländern und für viele Fächer und Stufen erlassenen neuen Curricula und Rahmenlehrplänen. Diese Lehrpläne setzen in der Regel die Kenntnis der Verfahren zur Lernzielanalyse bei ihren Benutzern voraus; ebenso rechnen sie mit einem Leser, der mit der sozialwissenschaftlichen Begrifflichkeit dieser Lehrpläne vertraut ist. An dieser Stelle setzt das Trainingsprogramm ein. Es will Lehrern und Studenten, aber ebenso den Curriculum-Entwicklern selbst eine kritische Einführung in die Verfahren der Lernzielanalyse liefern.

Die neuen Lehrpläne sind in der Regel *lernzielorientiert*. Was ein Lernziel ist, bleibt dennoch häufig im Unklaren. Meines Erachtens ist bei der Forderung nach Lernziel-Orientierung, wie sie heute überall erhoben wird, das Kind (sprich: die Curriculum-Praxis der BRD) in den Brunnen gefallen, bevor es überhaupt schwimmen gelernt hat, und zwar aus folgendem Grunde: Die bisher veröffentlichten Ansätze zum lernzielorientierten Unterricht beruhen, sofern sie überhaupt theoretisch abgesichert werden, auf einer bestimmten lernpsychologischen Schule, dem sogenannten *Behaviorismus*. Schlagworte wie „Qualifikationsbestimmung", „Operationalisieren", „Hierarchisieren" usw. drücken diesen Trend aus. Die Vormachtstellung behavioristischer Modelle zur Lernzielanalyse steht im Widerspruch zu der umfangreichen Kritik, die die behavioristische Lernforschung gerade aus gesellschaftstheoretischer Sicht erfahren hat. Die ausführliche Darstellung von Operationalisierungs- und Hierarchisierungsmodellen darf deshalb nicht als Votum *für* die behavioristische Lernforschung mißverstanden werden. Gemessen am Stand der wissenschaftlichen Diskussion wäre es im Gegenteil angebracht gewesen, dialektische, marxistische, eventuell auch tiefenpsychologische Ansätze zur Lernzielanalyse auf ihre Tragfähigkeit zu befragen. Die Praxis der Curriculum-Entwicklung erfordert jedoch die hier vorgelegte Fixierung auf behavioristische Modelle. Denn die anderen Modelle der Lernziele sind allenfalls als erste Konzepte, aber auf keinen Fall als praktikable Instrumente verfügbar. Deshalb ist es nicht verwunderlich, daß behavioristisch orientierte Lehrpläne, deren curriculumtheoretische Absicherung oft nicht weit über Robert Magers schmales Bändchen „Lernziele und Programmierter Unterricht" (vgl. S. 152) hinausgeht, von Kultusministerien der Länder bereits in größerer Anzahl erlassen worden sind.

In einer solchen Situation ist es erforderlich, die *vorliegenden Verfahren zur Lernzielanalyse auf ihre methodologisch begründbare Leistungsfähigkeit zu befragen*. Mit dem *Erlaß* lernzielorientierter Curricula ist es nicht getan; wichtiger ist es, *allen Betroffenen* die Kompetenz zu vermitteln, mit den neuen Curricula sinnvoll, d. h. kritisch umzugehen. Dieses Trainingsprogramm will den ersten Schritt zur Vermittlung einer solchen Kompetenz zeigen.

Thema des Trainingsprogramms:	Lernzielorientierter Unterricht und lernzielorientierte Curricula
Zielsetzung 1:	Das Programm soll Ihnen die notwendige Fachsprache für die Arbeit mit den neuen Curricula vermitteln.
Zielsetzung 2:	Es soll den formalen Charakter der Verfahren zur Lernzielanalyse aufdecken.
Zielsetzung 3:	Es soll Sie für die methodologischen Schwierigkeiten der Lernzielanalyse sensibilisieren.
Zielsetzung 4:	Es soll Ihnen ein erstes Training im Operationalisieren, Dimensionieren und Hierarchisieren von Lernzielen vermitteln.
Zielsetzung 5:	Es soll die Verflechtung der Lernzielanalyse mit bildungspolitischen Vorentscheidungen offenlegen.
Adressaten:	Mitglieder von Curriculum-Kommissionen und Fachgruppen, die Richtlinien, Lehrpläne oder Teilcurricula zu erstellen haben; Lehrer, Referendare, Studenten und Schüler.
Voraussetzungen:	Das Programm wendet sich an Leser, die noch keine Gelegenheit gefunden haben, sich in die Curriculum-Literatur einzuarbeiten.
Methode:	Der Text kann als halb-programmiert gekennzeichnet werden. Er enthält nacheinander mehr

"schulmeisterliche", in der Gedankenführung weitgehend festgelegte, dann aber auch offene, stärker problematisierende Passagen.

Gruppenarbeit/ Einzellektüre: Der Text ist so abgefaßt worden, daß er in Einzellektüre durchgearbeitet werden kann. Ein Durcharbeiten in Gruppen von fünf bis acht Mitgliedern ist jedoch sehr viel ergiebiger, erfordert allerdings erfahrungsgemäß ungefähr dreimal soviel Zeit.

Reihenfolge der Bogen: Die Trainingsbogen 1 bis 5 bauen aufeinander auf. Der Bogen 6 kann auch außer der Reihe gelesen werden.

Münster, Oktober 1973 *Hilbert Meyer*

Trainingsbogen 1

Was ist ein Lernziel?

Das Schlagwort vom lernzielorientierten Unterricht setzt sich immer mehr durch. Was ein Lernziel sein soll, ist in Fachdidaktiken und Curriculum-Literatur oft aber nur dunkel zu erahnen. Deshalb *enthält dieser Trainingsbogen:*

- vier Thesen zum Lernzielbegriff
- eine Klärung des Verhaltensbegriffs
- eine Lernzieldefinition
- einige Bemerkungen zum Verhältnis von Lernzielen und Lerninhalten
- Übungs- und Kontrollaufgaben zur Unterscheidung von vollständiger und unvollständigen Lernzielbestimmungen

1. Warum lernzielorientierten Unterricht?

Mit dem Schlagwort vom *lernzielorientierten Unterricht* wird gefordert, daß endlich der Akzent der Unterrichtsvorbereitung und der Lehrplanentwicklung dorthin gelegt werde, wo er hingehöre, nämlich auf die Analyse und Planung der gewünschten *Verhaltensänderungen* von Schülern. Wer lernzielorientierten Unterricht fordert, meint also die Formulierung und schrittweise Realisierung verhaltensbezogener Lernziele.

> **These A:** Lernziele beschreiben das Verhalten, das ein Schüler nach dem Unterricht zeigen soll.

Argumente und Motive *für* lernzielorientierten Unterricht haben unterschiedliches Niveau:
— Die Forderung nach Lernziel-Orientierung sei „Ergebnis" der neueren Curriculum-Diskussion (eine Feststellung, die so pauschal sicherlich nicht zutrifft).
— Lernziel-Orientierung führe zur Versachlichung der Diskussion, weil alle Interessengruppen, die auf den Lehrplan Einfluß nehmen wollen, gezwungen seien, ihre Karten auf den Tisch zu legen.
— Lernziel-Orientierung führe zur Objektivierung der Leistungskontrolle.
— Lernziel-Orientierung erlaube eine Festschreibung der Ziele bei gleichzeitiger Freigabe der Inhalte.

Diese Argumente dürfen nicht unwidersprochen hingenommen werden. Denn beim gegenwärtigen Stand der Lernzielforschung handelt es sich zum Teil um Augenwischerei, zumindest aber um höchst fragwürdige Annahmen. Deshalb wird im ganzen Trainingsprogramm immer wieder auf diese Argumente zurückzukommen sein.

Ältere Richtlinien und Lehrpläne werden demgegenüber als *stoff-* oder *inhaltsbezogen* charakterisiert. Inhaltsbezogene Lehrpläne, so wird heute eingewandt, haben den großen Nachteil, den Lehrern und Schülern kaum Orientierungshilfen darüber geben zu können, welche Veränderungen im Schülerverhalten durch den Unterricht bewirkt werden sollen.

2. Beispiele

Zitat aus einem stoffbezogenen Lehrplan von 1963

Fundort: Richtlinien für die Volksschulen des Landes Niedersachsen, Hannover 1963, S. 47 (Sachunterricht)	„Im ersten Schuljahr sind wegen der geringeren geistigen Spannkraft und Übersicht der Kinder Einzelthemen angebracht, die aus Erlebnissen erwachsen (z. B. bestimmte Spiele und Spielzeuge, Spielplätze, Verhalten im Straßenverkehr, Hilfe im Garten; einfache Verrichtungen im Haushalt, bei denen die Kinder helfen; Erlebnisse im Wald)."

Zitat aus einem verhaltensbezogenen Lehrplan von 1973

Fundort: Richtlinien für den politischen Unterricht, hrsg. vom Kultusminister NW, Stuttgart 1973, S. 10	„Fähigkeit und Bereitschaft, gesellschaftliche Zwänge und Herrschaftsverhältnisse nicht ungeprüft hinzunehmen, sondern sie auf ihre Zwecke und Notwendigkeiten hin zu befragen und die ihnen zugrunde liegenden Interessen, Normen und Wertvorstellungen kritisch zu überprüfen."

Im ersten Beispiel
— wird zwar ein Auswahlgesichtspunkt für die einzelnen Themen mitbenannt (nämlich der alte methodische Grundsatz der Erlebnisnähe),
— es bleibt aber völlig offen, was denn nun die Kinder Neues können, wenn das Thema „Erlebnisse im Wald" im Sachunterricht der Erstkläßler verhandelt worden ist.

Im zweiten Beispiel
— wird eine gewünschte Verhaltensänderung der Schüler beschrieben: Er soll sich gegenüber Herrschaftsansprüchen rational und kritisch verhalten.
— Diese Verhaltensbeschreibung bedarf einer weiteren Entfaltung (was in den zitierten Richtlinien auch geschieht).
— Sie bedarf einer genaueren Festlegung der Inhaltskomponente dieses Lernziels.
— Sie deutet aber sicherlich schon in dieser abstrakten Fassung *die Richtung* an, in der das gewünschte Schülerverhalten zu suchen ist.

3. Verhaltensbegriff

Der beim Schlagwort vom lernzielorientierten Unterricht in der Regel benutzte Verhaltensbegriff entstammt dem nordamerikanischen Sprachgebrauch. Deshalb sollten Sie zunächst von allen umgangssprachlich vertrauten Bedeutungen dieses Begriffs absehen. Mit Verhalten ist nichts gemeint, was irgendwie als Entgegensetzung zu Intelligenz, Wissen oder Erkennen zu definieren wäre. Ebenso wenig wird an gutes oder schlechtes Verhalten im moralischen Sinne oder gar an manierliches oder ungehobeltes Verhalten nach den Maßregeln des Freiherrn Adolf von Knigge gedacht.

Vielmehr wird Verhalten als *Grundbegriff des Behaviorismus* sehr umfassend für *alle* beobachtbaren Aktionen und Reaktionen von Organismen (seien sie nun Menschen oder Tiere) verwandt. Vertreter des sogenannten klassischen Behaviorismus (z. B. John B. Watson, 1878–1958) konnten deshalb definieren:

Verhalten = Summe von Reaktionen auf Reize

Alles, was von den Psychologen oder in unserem Falle von den Lehrern beobachtet werden kann, ist demnach als Verhalten interpretierbar: Stirnrunzeln, Schweigen, sich Bewegen, Stottern, sich zu Gruppen zusammenschließen, usw.

Auch die *Verfestigung* und *Stabilisierung* von Verhaltensweisen, die dem deutschen Sprachgebrauch nach gerade nicht als Veränderung bezeichnet würde, ist *in diesem formalen Sinne eine Verhaltensänderung*.

Für Behavioristen ist es auch kein Kunststück, *sprachliche Äußerungen* (etwa das Hersagen von zehn auswendig gelernten Vokabeln oder das zusammenhängende Sprechen über einen Vorschlag zum Umweltschutz) als Verhalten zu erfassen, in diesem Falle also als *Verbalverhalten*.

Sollten Sie die Gelegenheit haben, einige neuere Richtlinien mit verhaltensbezogenen Lernzielkatalogen zu durchmustern, so werden sie bald feststellen, daß auch weiterhin *die überwiegende Mehrzahl* von Lernzielformulierungen zu der Kategorie des *Verbalverhaltens* zu zählen ist.

Zwei Beispiele für Verbalverhalten:

Fundort: Wolfgang Klafki u. a.: Funk-Kolleg Erziehungswissenschaft, Bd. 2 Frankfurt 1970, S. 84	1. „Die Fähigkeit, ein eigenes Urteil über ein literarisches Werk aussprechen und begründen zu können"

2. „Die Fähigkeit, eine politische Konfliktsituation unter dem Gesichtspunkt der Interessen der beteiligten Gruppen analysieren zu können"   Verbalverhalten

4. Warnung vor einem Mißverständnis

Die gängige nordamerikanische Literatur zur Lernzielanalyse wird hierzulande immer wieder überinterpretiert, weil unbeachtet bleibt, daß der Verhaltensbegriff in den amerikanischen Verhaltenswissenschaften („behavioral sciences") ganz formal verwandt wird. Die *Formalität* des Ansatzes drücken die folgenden vier Sätze aus, die so etwas wie ein „behavioristisches Glaubensbekenntnis" bilden, auch wenn ohne weiteres zugestanden werden kann, daß gegenwärtige verhaltenswissenschaftliche Positionen sehr viel differenzierter sein können; hier interessiert jedoch vorrangig, welches Verständnis in der alltäglichen Curriculum-Praxis anzutreffen ist:

1. Der Behaviorist fragt nach beobachtbaren Ursachen von Verhalten.
2. Alle beobachtbaren Verhaltensänderungen können daraufhin überprüft werden, ob sie durch gesteuerte Lernprozesse beeinflußt werden können.
3. Alle steuerbaren Verhaltensänderungen eines Menschen oder Tieres können — im formalen Sinne — als Lernziele formuliert werden.
4. Die Frage, ob alle der Erfahrung nach *möglichen* Lernziele auch *wünschenswert* sind, ist für den Behavioristen uninteressant; er überläßt die Beantwortung dieser Frage dem sogenannten *Ideologen*, d. h. dem Sprecher gesellschaftlicher Interessengruppen (vgl. hierzu Trainingsbogen 6).

Die aus Ihrem Studium vielleicht noch geläufige Verknüpfung von „Verhalten" mit Begriffen wie „Persönlichkeit", „Ganzheit", „Moralität" usw. ist nicht gemeint. Selbstverständlich kennen auch die Behavioristen (in einem bestimmten Sinne) „moralisches" Verhalten; dieses bildet aber nur einen schmalen Streifen aus der Gesamtheit möglicher Verhaltensweisen.

5. Kontrollaufgabe

Kreuzen Sie bitte in der folgenden Liste den oder die Sätze an, in denen der Verhaltensbegriff im Sinne der obigen Erläuterungen *falsch gebraucht wird!* Sie finden die Meinung des Autors am Schluß dieses ersten Trainingsbogens auf S. 33.

1. „Lernzielorientierter Unterricht sollte gefördert werden, weil es richtig ist, nicht nur den Intellekt, sondern zusätzlich auch das *Verhalten* der Schüler in der Unterrichtsvorbereitung zu berücksichtigen."	f
2. „Lernzielorientierter Unterricht sollte gefördert werden, weil sonst bei der Unterrichtsvorbereitung der *Verhaltens*aspekt gegenüber den fachwissenschaftlich vermittelten Inhalten immer wieder zu kurz kommt."	r
3. „Von *Verhalten* sollte erst dort gesprochen werden, wo der Mensch als verantwortungsfähiges Wesen in den Blick gerät."	f

Der Verhaltensbegriff der nordamerikaner ist wertfrei!

6. Die Reichweite wissenschaftlicher Aussagen des Behaviorismus

Vorbemerkung:
Dieser Abschnitt enthält einige wissenschaftstheoretische Überlegungen. Deshalb ein Wort zum Charakter wissenschaftstheoretischer Aussagen: Wissenschaftstheorie wäre überfordert und falsch verstanden, wenn man von ihr *Handwerkszeug* erwartete, um „richtig" forschen zu lernen oder um die Unterrichtsvorbereitung endlich auf einen „wissenschaftlichen Boden" zu stellen. Vielmehr leistet Wissenschaftstheorie eine *Reflexion* bestehender oder zumindest konzipierter Forschungspraxis. Wissenschaftstheorie hat nicht instrumentalen, sondern reflexiven Charakter. Auch das Verhältnis der betrachteten Wissenschaft zu der Gesellschaft, von der sie getragen wird, ist demnach Thema wissenschaftstheoretischer Überlegungen.

Die *wissenschaftstheoretische Position* des Behaviorismus kann mit folgenden Sätzen knapp beschrieben werden. Damit wird zugleich die *Reichweite* wissenschaftlicher Aussagen des Behaviorismus abgesteckt:

1. Der *Behaviorismus* zählt sich zu den sogenannten *empirisch-analytischen Wissenschaften*. An diesem Anspruch halten auch die neueren, vom klassischen Behaviorismus zum Teil stark abweichenden Verhaltenstheorien fest.
2. *Empirisch-analytische Wissenschaften* gehen ihrem Selbstverständnis nach von *Erfahrungstatsachen* und *deren Analyse* aus, um zu einem System von Aussagen zu kommen, das sich jeweils an wiederholbaren oder neuen Erfahrungen überprüfen läßt. In diesem Sinne

arbeiten nicht nur viele Naturwissenschaftler, sondern auch empirische Soziologen und empirische Psychologen.
3. In den empirisch-analytischen Wissenschaften werden nur solche Sätze als wissenschaftlich anerkannt, deren Aussage *intersubjektiv überprüfbar* ist.
4. *Intersubjektive Überprüfbarkeit* besteht dann, wenn nicht nur der Forscher, der eine bestimmte Entdeckung gemacht hat, sondern grundsätzlich jeder Mensch (sofern er Intelligenz, Zeit und Willen aufbringt) das *Forschungsergebnis nachvollziehen* kann.
5. In behavioristischen Forschungsprojekten wird Intersubjektivität dadurch hergestellt, daß nur noch das *Äußerliche* an psychischen Prozessen, also die beobachtbaren Verhaltensänderungen, zum Gegenstand wissenschaftlicher Untersuchungen gemacht wird.

Ein äußerst treffendes Bild für dieses Verständnis wissenschaftlicher Erkenntnis stellt das von den Behavioristen selbst vorgeschlagene *Black-Box-Modell* dar:

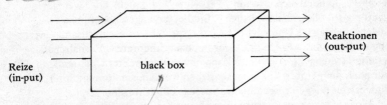

Auf einen *Organismus* (im Bilde gesprochen: auf die black box) werden *Reize* ausgeübt. Diese werden im Organismus *verarbeitet* und führen dann zu bestimmten *Reaktionen*. Die Verarbeitungsprozesse selbst bleiben im Dunkel.

Die frühen („klassischen") Behavioristen hatten sich jede noch so vorsichtige Mutmaßung über den *Inhalt der black box* verbeten. Begriffe wie „Bewußtsein", „Gewissen", „Gefühl" oder gar „Seele" wurden verfemt. Damit war zugleich die radikale Frontstellung gegen die traditionelle europäische Psychologie bezeichnet. Denn diese arbeitete vornehmlich mit der Methode der „Introspektion", d. h. dem Versuch des Wissenschaftlers, die Bewußtseinsabläufe in der Versuchsperson zu *verstehen* und zu deuten.

Heutige Vertreter des Behaviorismus sind demgegenüber sehr viel weniger dogmatisch. Es wird von „intervenierenden Variablen" zwischen Reizen und Reaktionen gesprochen, auch von „Gedächtnismodellen" oder „Dispositionen" — alles Begriffe, die auf dem Boden eines streng verstandenen Behaviorismus nicht gedacht werden dürften. Dennoch muß festgehalten werden: Mit der Übernahme des Reiz/Reaktionsschemas wird zugleich eine ganze Weltanschauung, nämlich die der *Manipulierbarkeit des Menschen*, eingekauft.

7. Lernziel/Lernergebnis

Im erziehungswissenschaftlichen Sprachgebrauch der BRD bürgert es sich — wiederum im Anschluß an die nordamerikanische Forschungspraxis — ein, begrifflich und inhaltlich zwischen Lern*ziel* und Lern*ergebnis* zu unterscheiden:

> **These B:** „Lernziel" und „Lernergebnis" müssen begrifflich unterschieden werden.

Lernergebnisse können nach Abschluß eines Lernprozesses beobachtet werden; es handelt sich also um „Tatsachen", die mehr oder weniger gut zu protokollieren sind. Bruce J. Biddle, ein angesehener behavioristisch orientierter Unterrichtsforscher, spricht in diesem Zusammenhang schlicht vom *„Einfrieren"* der Beobachtungsdaten. Verhaltenseinheiten („behavioral events") können von Beobachtern während oder nach dem Unterricht aufgeschrieben werden, sie können mit Tonbandgeräten oder Fernsehkameras aufgezeichnet werden.

Lernziele — das muß trotz aller Selbstverständlichkeit noch einmal gesagt werden — sind keine empirischen Tatsachen, sondern gesprochene oder geschriebene *Sätze*, die so oder auch anders hätten formuliert werden können. Die Vorstellungen, Meinungen, Hypothesen, Wünsche oder Befürchtungen in bezug auf die erwarteten Lernergebnisse werden in Lernzielformulierungen beschrieben und geordnet. Für die Bezeichnung solcher *vorgestellter Lernergebnisse* wird der Lernzielbegriff verwandt:

> Die Analyse von Lernzielen ist also die Analyse der *Vorstellungen*, die Lehrer, Berufsberater, Eltern, Schüler oder Kultusminister über die wünschenswerten Ergebnisse von Unterricht besitzen.

Um Mißverständnisse zu vermeiden, muß jedoch eine wichtige Einschränkung gemacht werden:

> Lernzielformulierungen sind niemals identisch mit der *ganzen* Wirklichkeit, auf die sich die Formulierungen beziehen.

Jede Lernzielformulierung beseitigt ein wenig oder auch sehr viel von der *Vielschichtigkeit* konkreter Unterrichts- und Lernsituationen, auf die die Formulierung gemünzt wird. Daraus könnte in einer Flucht nach vorn die Konsequenz gezogen werden: Genau dieser Effekt ist gewünscht! Lernziele stellen eine *absichtliche* Vereinfachung der komplexen Unterrichtswirklichkeit dar, weil nur so eine Handlungsorientierung für den Lehrer herausspringt. Anders formuliert: Ein Lernziel ist eine *Aufforderung* an den Lehrer, bestimmte Verhaltensänderungen der Schüler sehr aufmerksam zu verfolgen und zu fördern, andere aber (die gar nicht genannt werden) zu vernachlässigen:

> Ein Lernziel ist eine Aufforderung zur Aufmerksamkeit!

Die Unterscheidung von Lernziel und Lernergebnis muß aber schon aus Gründen der logischen Klarheit erfolgen. Sonst wäre es nicht mehr möglich, den *Unterricht* (als Prozeß) von der *Curriculum-Entwicklung* (als Planung des Unterrichts) zu unterscheiden. Für den Logiker ist die hier gemeinte Unterscheidung selbstverständlich: Sätze über Lernergebnisse und Sätze über Lernziele gehören zwei ganz unterschiedlichen Aussageformen an:
- Die Beschreibung eines Lernergebnisses bildet eine *Ist*-Aussage;
- Die Formulierung eines Lernziels bildet eine *Soll*-Aussage.

Das eine kann aus dem anderen nicht abgeleitet werden; dennoch ist beides voneinander abhängig. Genau hier liegt aber die Crux der Pädagogik als einer Handlungswissenschaft; an welcher Stelle, so wäre zu fragen, entspringt aus dem, was ist, das, was sein soll?

8. Definitionsversuch Lernziel

Aus den Thesen A und B kann nun die folgende Definition gewonnen werden:

> **Definition:** Lernziel = sprachlich artikulierte Vorstellung über die durch Unterricht (oder andere Lehrveranstaltungen) zu bewirkende gewünschte Verhaltensänderung eines Lernenden

Wichtig ist an dieser Definition: Weil Lernziele immer *gewünschte* Verhaltensänderungen sind, sind es immer Zielvorstellungen, die *von bestimmten Personen* und Personengruppen, von Verbänden, Interessengruppen oder Behörden formuliert und vertreten werden. Lernzielkataloge schweben nie in einem gesellschaftsleeren Raum — auch dort nicht, wo sie ihrem Sprachstil nach einen solchen Eindruck erwecken wollen.

Weiterhin ist zu beachten, daß Zielformulierungen nicht nur Ergebnis einer üppigen Phantasie sein dürfen, sondern tatsächlich eine *empirische Entsprechung* in Form von nachgewiesenen (oder zumindest nachweis*baren*) möglichen Verhaltensänderungen der Schüler haben müssen.

Die obige Definition kann noch kürzer gefaßt werden, wenn gemäß These B ein „Lernziel" immer nur im logischen Bezug zu einem Lernergebnis gedacht werden kann:

> Lernziel = gewünschtes Lernergebnis

Verwirrung stiftet oft die Tatsache, daß in manchen Curricula statt von Lernzielen von *Qualifikationen* gesprochen wird. Aber in den wenigsten Fällen wird der Qualifikationsbegriff in Entgegensetzung oder Abgrenzung zum Lernzielbegriff verwandt. In der Regel sollten Sie davon ausgehen, daß er ein und dasselbe meint:

> Lernziel ≙ gewünschte Qualifikation

9.

> **These C:** Es ist unmöglich, **Lernziele ohne die Angabe eines Lerninhalts zu definieren.**

Diese These ist keineswegs selbstverständlich. Das folgende Zitat stammt aus dem 1972 veröffentlichten Curriculum „Evangelische Religionslehre" für die Sekundarstufe II in Nordrhein-Westfalen:

> „Durch die Orientierung an Lernzielen erlangt der Religionsunterricht einerseits Beweglichkeit, weil die Lerninhalte weithin austauschbar sind, andererseits Verbindlichkeit, weil er durch Lernziele gebunden ist."
> (a. a. O., S. 15)

Meines Erachtens handelt es sich bei der Behauptung, die in diesem Zitat aufgestellt wird, um ein typisches Mißverständnis! *Die Betonung des Verhaltensaspekts* in der neueren Curriculum-Diskussion und entsprechend die Forderung nach lernzielorientiertem Unterricht *kann nicht heißen, daß Lernziele ohne eine Angabe der Inhalte formuliert werden können,* an denen das gewünschte Verhalten gezeigt werden soll. Die Notwendigkeit, die inhaltliche Komponente von Lernzielen zu berücksichtigen, ist übrigens selbst von den behavioristischen „Vätern" des lernzielorientierten Unterrichts nie bestritten worden. So schreibt David Krathwohl, einer der Autoren der Lernziel-Taxonomie, die Sie im Trainingsbogen 5 kennenlernen können, ausdrücklich: Jedes Lernziel hat eine Verhaltens- und eine Inhaltskomponente.

10. Gegenthese und ihre Widerlegung

Trotz unserer These C hält sich in vielen Lehrplänen hartnäckig die Vorstellung, daß die Lernziele bzw. Qualifikationen unabhängig von den Inhalten festgelegt werden könnten, an denen das jeweilige Verhalten erworben werden soll. Ausformuliert müßte diese Gegenthese ungefähr lauten:

> Lernzielorientierter Unterricht hat den großen Vorteil, trotz einer Festschreibung der Ziele dem Lehrer eine freie Entscheidung über die Lerninhalte zu gestatten.

Drei Einwände zur Widerlegung der Gegenthese:
- *Einmal* widerspricht ihr der konkrete Augenschein, was allerdings noch keine Widerlegung der Berechtigung einer solchen *Forderung* ist: Wo immer Sie verhaltensbezogene Lernzielkataloge zur Hand nehmen, ist auch von Inhalten die Rede.
- *Zweitens* widersprechen dieser Vorstellung die Ergebnisse der neueren Transferforschung. Auch wenn diese noch in ihren Anfängen steckt, erlaubt sie die folgende Feststellung: *Transfer,* also die Übertragung des Gelernten auf neue Anwendungsbereiche, ist *nicht beliebig,* sondern nur in *verwandte Gebiete* möglich. Die alte neuhumanistische These stimmt eben nicht, daß es einerlei sei, ob das logische Denken im Lateinunterricht oder im Mathematikunterricht erworben werde, weil es logisches Denken „an sich" überhaupt nicht gibt. Wenn aber kein beliebiger Transfer der an bestimmten Inhalten erworbenen Qualifikationen auf neue Inhalte möglich ist, so *folgt umgekehrt, daß diese Qualifikationen auch nicht an beliebigen Inhalten erworben werden dürfen.* Und selbst wenn die Transferforschung andere Ergebnisse gebracht hätte, könnte es sich keine

Gesellschaft erlauben, die heranwachsende Generation in *beliebigen* Inhalten (z. B. Fremdsprachen) auszubilden.

— *Drittens* widerspricht der These, daß die Ziele festgeschrieben und die Inhalte freigegeben werden könnten, die Tatsache, daß Qualifikationen nur *im Zirkel* zu Inhalten analysiert und ausgewählt werden können. Wollte man — wie es die Gegenthese voraussetzt — Qualifikationen *vor* den Inhalten festlegen, so müßte es auch möglich sein, sie unabhängig voneinander zu analysieren. Das ist aber nicht der Fall! Eine auf die zukünftige Lebenssituation eines Schülers bezogene Qualifikation wird nämlich immer schon mit den Grundbegriffen, wissenschaftlichen Methoden und Instrumenten ermittelt, die dann auch wieder als Inhalt auftauchen werden, an dem diese Qualifikationen vom Schüler erworben werden sollen.

Beispiel: Um Qualifikationen zu bestimmen, die im Deutschunterricht vermittelt werden könnten, wird eine Sprachtheorie benötigt, die erklärt, was ein Mensch leisten muß, um sich in bestimmten Lebenssituationen sprachlich kompetent zu verhalten.

Der eine Curriculum-Entwickler könnte nun aber eine behavioristische Theorie des Spracherwerbs zugrunde legen; der andere eine marxistische. Daß beide zu unterschiedlichen Ergebnissen gelangen werden, liegt auf der Hand. Daraus folgt für die Einzelschritte der Curriculum-Entwicklung, daß keine säuberliche Trennung der Ermittlung von Qualifikationen und der Entscheidung über die Inhalte möglich sein kann.

Die Analyse und Auswahl von Qualifikationen kann nie isoliert, sondern immer nur verschränkt mit der Auswahl von Inhalten erfolgen, weil die Entscheidung über die Analyseinstrumente für beide Aufgaben fachwissenschaftlich (und zusätzlich sozialwissenschaftlich) begründet werden muß.

Ausnahmen zur These C?

Die beiden folgenden Beispiele erwecken den Anschein, als ob es doch möglich sei, Lernziele ohne die Angabe von Lerninhalten zu formulieren; dann wäre unsere These C widerlegt:

1. „Der Schüler soll lernen, nicht zu erröten."
2. „Der Schüler soll Frustrationstoleranz erwerben."

Genau betrachtet wird jedoch auch in diesen zwei Lernzielen die These C berücksichtigt! Denn hier ist *das eigene Verhalten des Schülers* zum „*Inhalt*" einer verhaltensbezogenen Lernzielformulierung gemacht worden.

Eine Ausnahme zur These C gibt es, die allerdings keine Widerlegung, sondern eher eine Bestätigung darstellt: Die *These C wird hinfällig*, wenn das Lernziel von vornherein so abstrakt formuliert worden ist, daß Verhaltens- und Inhaltskomponente, wenn auch nur noch andeutungsweise, in ein und derselben Formulierung zum Ausdruck gebracht werden:

> „Der Schüler soll zum mündigen, seine verfassungsmäßigen Rechte und Pflichten wahrnehmenden Staatsbürger erzogen werden."

11. Festschreiben der Lernziele/Freigeben der Lerninhalte?

Die in den letzten beiden Abschnitten erörterte Frage, ob Lernziele *unabhängig* von Lerninhalten analysiert und ausgewählt werden können, hat nicht nur „akademischen" Charakter. Die Frage könnte ganz im Gegenteil zu einem *Politikum* werden und das Verhältnis der Kultusministerien zu ihrer Basis, den Lehrern, belasten.

Denn in einigen neueren, von Kultusministerien erlassenen Curricula werden *sehr genau ausformulierte Lernziellisten den Lehrern verbindlich vorgeschrieben*. Diese „Verplanung" des Entscheidungsspielraums der Lehrer wird dann aber gar nicht offen diskutiert; vielmehr tauchen zur Rechtfertigung der Verplanung Argumente etwa von der folgenden Art auf:

> Die Lernziele/Qualifikationen eines Curriculum *müssen* vom Kultusminister vorgeschrieben werden, weil nur so ein gleichbleibend hoher Standard der Ausbildung und eine Vergleichbarkeit der Schülerleistungen gesichert werden können.
> Bei der Auswahl von Lerninhalten und bei der Festlegung der Unterrichtsmethoden können die Lehrer dagegen *frei* entscheiden und die jeweilige Klassensituation berücksichtigen.

Das Argument lautet also, überspitzt formuliert:

> Was euch auf der einen Seite genommen wird, könnt ihr auf der anderen Seite wettmachen.

Meines Erachtens handelt es sich bei einer solchen *Kompensationshypothese um Augenwischerei*:

— Entweder werden die Lernziele bzw. Qualifikationen so präzis beschrieben, daß man mit ihnen auch etwas anfangen kann. Dann enthalten sie immer auch Inhaltsentscheidungen.
— Oder die Lernziele werden zu ganz abstrakten Qualifikationskatalogen zusammengefaßt. Diese abstrakten Kataloge mag man dann ruhig für verbindlich erklären; sie sind noch so allgemein gehalten, daß zuviele unterschiedliche Interpretationen offenbleiben (vgl. Trainingsbogen 2!).
— Die *Praxis* lernzielorientierten Unterrichts in den USA zeigt denn auch alles andere als eine Ausweitung oder auch nur Wahrung des Freiheitsspielraumes der Lehrer (vgl. Trainingsbogen 3).

Schlußfolgerung dieser Überlegungen: Es muß *inhaltlich* mit den Planern (also Ministerialbeamten, Wissenschaftlern und Lehrern) diskutiert werden, wann, wo und warum eine größere Verplanung des Unterrichts notwendig sein sollte als bisher.

12. Übungsaufgaben

Im Abschnitt 8 war die folgende Lernzieldefinition vorgeschlagen worden; lesen Sie sie bitte noch ein- oder zweimal durch:

> Lernziel = sprachlich artikulierte Vorstellung über die durch Unterricht (oder andere Lehrveranstaltungen) zu bewirkende gewünschte Verhaltensänderung eines Lernenden.

Arbeitsauftrag: Der folgende Abschnitt enthält 24 Lernzielformulierungen aus neueren Curricula. *Überprüfen Sie bitte, ob diese Lernziele der obigen Definition genügen oder nicht!* Sie sollen also entscheiden, ob überhaupt eine *Verhaltensänderung* des Schülers angesprochen wird oder nicht. (Dabei sollten Sie großzügig im Blick auf die Frage verfahren, ob dieses Verhalten schon *ausreichend* genau formuliert ist oder nicht.)

Kreuzen Sie bitte in der folgenden Reihenfolge an:
 Spalte 1 = entspricht der Definition
 Spalte 2 = strittig
 Spalte 3 = entspricht nicht der Definition

Vorweg eine Beispielliste mit 5 Lernzielen, die m. E. eindeutig eine Verhaltensänderung ansprechen, also ein Kreuz in Spalte 1 erhalten müssen:

Was ist ein Lernziel? 27

Fundort	Lernziele	1	2	3	Nr.
Rahmenricht-linien für die Sekundarstufe I in Hessen, 1972, S. 74/75 *Gesellschafts-lehre*	lernen, eigene Meinungen in den Unterricht einzubringen	X			1
	lernen, Meinungen anderer wahrzu-nehmen und auf sie zu reagieren	X			2
	lernen, Alltagsverhalten in Spiel-situationen zu realisieren	X			3
	die Begriffe Rolle, Vorurteil, Verhal-ten, Erziehungsstil, Erziehungsnorm, Rollenverteilung ... auf konkrete Beispiele beziehen und anwenden können	X			4
	Stadtpläne und großmaßstabige Karten lesen können	X			5

Fundort	Lernziele	1	2	3	Nr.
Rahmenlehr-pläne für die beruflichen Schulen des Landes Hessen, Heft V, *Schriftsetzer*	Satztechnische Regeln und Richt-linien für die Gestaltung begründen	X			1
	Anzeigenmuster zuordnen und bewerten	X			2
	Besonderheiten der Werbesprache an Beispielen erläutern	X			3
	Nach einem Manuskript eine Zei-tungs- und eine Zeitschriftenanzeige gestalten				4
	Anzeigengrößen und -preis berechnen	X			5
	Matern- und Schwundmaße aus-rechnen	X			6
	Plakate mit typografischen Mitteln gestalten	X			7
	Werbewirksamkeit von Mustern prüfen	X			8
Heft 2 zur KMK-Oberstufenreform in NW, *Deutsch*, S. 32/33	*Ziele der 3. Unterrichtsreihe* Fähigkeit, fiktionale von exposito-rischer Literatur zu unterscheiden	X			9
	Dichtung als Kunstform der Sprache, als sprachliche Wirklichkeit eigener Art, als modellhafte Vermittlung gesellschaftlicher Abläufe und Zu-stände, als Medium anthropologischer Einsicht verstehen		X		10

Fundort	Lernziele	1	2	3	Nr.
	An Beispielen die zeitlich-historischen Bedingungen der literarischen Kommunikation erkennen (Autor und Leser, Entstehungs- und Rezeptionszeit)	x	2		11
	Kenntnis sprachlicher Mittel, die — von der Gattung abhängig — fiktionale Texte konstituieren, Kenntnis von Beschreibungstechniken	x	2		12
	Bereitschaft, distanziert und mit Anstrengung zu lesen und den Lesewiderstand zu überwinden	x			13
	Bereitschaft, die eigene Vorstellungswelt durch Umgang mit Dichtung ergänzen bzw. korrigieren zu lassen	x			14
Heft 18 zur KMK-Oberstufenreform in NW, *Kunst*, S. 20/21	*Zielsetzungen* Praktische Erprobung der Farbfunktionen, Auswertung farbtheoretischer Erkenntnisse (z. B. additive, subtraktive Mischungen)	x			15
	Farbtäuschungen (z. B. komplementäre Nachbilder, Beeinflussung der Farbe durch die Beleuchtung)			x	16
	Farbtransparenz			x	17
	Bezold-Effekt (optische Mischungen)			x	18
	Kenntnisse über Farbtheorien (Verbindung: Physik, Physiologie und Psychologie des Sehens, Kunstwissenschaft, Drucktechniken, technische Bildmedien).	x		x	19
	Lernkontrollen			x	20
Heft 11 zur KMK-Oberstufenreform in NW, *Katholische Religionslehre*, S. 32	*Globalziel* Globalziel: Person, Wirken und Botschaft Jesu als wesentliche Mitte des Christentums erfassen Lee-formel	x			21
	Teilziele Die neutestamentlichen Aussagen über Person, Wirken und Botschaft Jesu in ihrer jeweiligen Eigenart darlegen	x			22

Fundort	Lernziele	1	2	3	Nr.
	Unterschiedliche Deutungen der Gestalt Jesu in Geschichte und Gegenwart kennen und beurteilen	✓			23
	Die befreiende Wirkung der Botschaft Jesu aufzeigen		✓		24
	Für den bis in die Gegenwart wirkenden Anspruch Jesu Beispiele nennen	✗			25

13. Diskussion

Sie dürften bei einer Reihe der Ihnen im letzten Abschnitt abverlangten Zuordnungsentscheidungen *Bedenken* gehabt haben, die nicht nur durch fehlende Sachinformationen und wissenschaftliche Kompetenz in den einzelnen Fächern bedingt gewesen sein dürften.

Formulieren Sie bitte *in Stichworten* die Ihrer Meinung nach gewichtigsten Bedenken und *kreuzen* Sie diejenigen Sätze in der folgenden Liste *an*, die Ihre Bedenken annähernd wiedergeben:

Die in Abschnitt 12 verlangten Zuordnungen zu den drei Spalten bereiten Schwierigkeiten,

— weil *mir nicht klar ist, ob erkennen einem auf Verhalten angelegten Lernziel ist.*

— weil *die sprachlichen Formulierungen nicht exakt genug sind (→ black box)*

— weil ....

— weil ....

— weil das Ausfüllen noch nicht genügend *geübt* werden konnte,
— weil bei manchen Lernzielen die *subjektive* Einstellung gegenüber dem jeweiligen Fach mitspielt,

- weil die gelieferten Beispiele noch *zu abstrakt* sind,
- weil bestimmte Lernziele *nur in ihrem Kontext voll verständlich* und damit beurteilbar werden,
- weil es sinnvolle Lernziele gibt, von denen dennoch nicht gesagt werden kann, wie sich die Schüler *verhalten* sollen,
- weil die Verfasser der herangezogenen Lernzielbeispiele *Fehler* gemacht haben!

Eine klare Antwort auf die Frage, welche der Bedenken die maßgeblichen seien, ist schwierig, und dies nicht zuletzt wegen der folgenden These:

14.

> **These D:** Für eine ganze Reihe von Lernzielen kann die beim Schüler durch den Unterricht erhoffte Verhaltensänderung *nicht unmittelbar* bestimmt werden.

Auch dieser These ist schon oft genug widersprochen worden. Von manchen Erziehungswissenschaftlern, auch von einigen Lehrern, wird das folgende *Gegenargument* gebracht:

> Was nicht unmittelbar auf Schülerverhalten bezogen werden kann, ist überhaupt kein Lernziel, sondern lediglich Ausdruck guten Willens oder üppiger Phantasie!

Ich halte dieses Argument für dogmatisch und deshalb für gefährlich. Denn hier wird der augenblickliche Wissensstand der Lernpsychologen und Curriculum-Entwickler unversehens zum prinzipiellen Maßstab für die Wünschbarkeit und Zulässigkeit von Lernzielen.

Aus folgenden Gründen ist es nicht sinnvoll, für jedes Lernziel einen unmittelbaren Verhaltensbezug anzusetzen:

a) *Zeitaspekt*

Es ist nicht in jedem Falle möglich (und wahrscheinlich ebenso wenig in jedem Falle sinnvoll), die angestrebten Verhaltensänderungen des Lernenden sofort nach Beendigung des Lernprozesses (also etwa in der letzten Stunde einer Unterrichtseinheit) durch entsprechende Kontrollen nachzuweisen, und zwar deshalb, weil es eine ganze Reihe von Lernzielen gibt, deren *angemessene* Realisierung erst in späteren Lebenssituationen möglich ist.

b) *Sachaspekt*

Es muß zugestanden werden, daß in bestimmten Lernzielbereichen und für bestimmte Fachdidaktiken die Angabe von Verhaltensweisen des Lernenden besondere Schwierigkeiten bereitet. Oder, um dieses Problem ein wenig offensiver zu formulieren: Es ist schließlich noch gar nicht ausgemacht, daß *alle* sinnvollen Lernziele auch als Verhaltensänderungen beobachtet werden können (vgl. Trainingsbogen 3, These E). Die Forderung, nur noch beobachtbare Verhaltensänderungen zu beschreiben, ist schließlich *keine Sachaussage* der Behavioristen, sondern ein *methodologischer Grundsatz*, der aufgestellt wurde, um die Intersubjektivität wissenschaftlicher Aussagen zu erhöhen — mehr nicht (vgl. S. 19)!

c) *Dispositionslernen*
Auch solche Lernziele können sinnvoll sein, die „nur" die spätere Verwirklichung von Verhaltensweisen *vorbereiten,* ohne daß beim Abschluß des Lernprozesses im Unterricht bereits eine Ausdifferenzierung von Verhalten beobachtbar ist. Viele Autoren, z. B. der nordamerikanische Lerntheoretiker Robert M. Gagné, sind sogar der Meinung, daß die Vermittlung von Dispositionen („capacities") wichtiger ist als der Nachweis unmittelbar realisierbarer Verhaltensänderungen.

Beispiel: „Erziehung zu angemessenem Verhalten bei politischen Wahlen"
Beispiel: „Erziehung zu verantwortlichem Sexualverhalten"

15. Aufgabe

Notieren Sie bitte hier die Nummern derjenigen Lernziele aus Abschnitt 12, die Ihrer Meinung nach nicht unmittelbar nach einer Unterrichtseinheit als Verhaltensänderung sichtbar werden können oder müssen:
Nr. ... 5, 6, 12, 15 ...
(Sie finden die *Auflösung* dieser und aller weiteren Übungs- und Kontrollaufgaben des Trainingsprogramms jeweils *am Ende des betreffenden Trainingsbogens!*)

16. Kontrollübung

Stellen Sie sich bitte vor, Sie säßen in einer Curriculum-Kommission Geographie und müßten einen Vorschlag zur *Einteilung* des von Ihnen erarbeiteten umfangreichen Lernzielkatalogs *in mehrere Lernzielgruppen* vornehmen. Ein Kollege schlägt folgende Einteilung vor:

> 1. inhaltsbezogen-kognitive Lernziele
> 2. verhaltensbezogen-emotionale Lernziele

Dieser Einteilungsvorschlag ist — gemessen an den vier Thesen dieses Trainingsbogens — falsch! Notieren Sie bitte in Stichworten die zwei Fehler:

Erster Fehler: Falscher Verhaltensbegriff

Zweiter Fehler: auch verhaltensbezogene Lernziele sind an Inhalt aufzuarbeiten

Anhang: Auflösung der Übungsaufgaben

Auflösung zu Abschnitt 5

Falsch gebraucht im Sinne dieses Trainingsbogens wird der Verhaltensbegriff im 1. und im 3. Satz. (Was nicht heißen soll, daß diese Sätze nicht in einem anderen Kontext sinnvoll sein könnten!)

Satz 1 sagt, daß *zusätzlich* zu Lernzielen, die der Förderung des Intellekts dienen, auch noch verhaltensbezogene Lernziele vorkommen sollen; das ist falsch, weil auch die den Intellekt fördernden Lernziele nach unserer Definition verhaltensbezogen sind (nämlich in der Regel auf Verbalverhalten gerichtet).

Satz 2 benutzt den Verhaltensbegriff in angemessener Form, denn die These C wird ja gar nicht verneint, sondern lediglich gesagt, daß in der Vorbereitung des Lehrers beide Aspekte angemessen berücksichtigt werden müssen.

Satz 3 benutzt den Verhaltensbegriff im Stile der europäischen philosophischen Tradition, also nicht im *wertfreien Sinne,* wie es die nordamerikanischen Behavioristen tun.

Auflösung zu Abschnitt 12 (Übungsaufgaben)

Lernziele
Nr. 1 bis 8: entsprechen m. E. alle der Definition, weil jeweils gesagt ist, was der Schüler können soll.
Nr. 9: entspricht der Definition.
Nr. 10: m. E. strittig, weil die Schlußformulierung („als Medium anthropologischer Einsicht verstehen") noch einer zusätzlichen Interpretation bedarf, um als Verhaltensangabe verstanden zu werden.
Nr. 11 bis 13: entsprechen der Definition (wobei Nr. 13 ein typisches affektives Lernziel darstellt; vgl. Trainingsbogen 4).
Nr. 14: m. E. strittig.
Nr. 15: entspricht der Definition (auch wenn „praktische Erprobung" noch reichlich ungenau ist).
Nr. 16 bis 18: entsprechen nicht der Definition.
Nr. 19: entspricht der Definition.
Nr. 20: „Lernkontrollen" sind keine Lernziele! (Vielleicht handelt es sich nur um einen der häufigen Redaktionsfehler in den KMK-Heften!)
Nr. 21: entspricht der Definition, auch wenn das Verbum „erfassen" im deutschen Sprachgebrauch kaum mehr als eine Leerformel darstellt.
Nr. 22 und 23: entsprechen der Definition.
Nr. 24: m. E. strittig: Wenn der Aufweis der befreienden Wirkung vom Schüler an seiner eigenen Person erfolgen soll, dürfte es sich noch kaum um einen ausreichend festgelegten Verhaltensbezug handeln. Ist jedoch ein Berichten des Schülers über im Unter-

Nr. 25: richt gelernte Beispiele gemeint, so könnte man von einer Angabe über Verbalverhalten sprechen.
entspricht der Definition.

Hinweis zu Abschnitt 13 (Diskussion)

Für wichtig halte ich vor allem die zuletzt genannten Bedenken: Zuordnungsentscheidungen fallen schwer, weil viele Lernzielformulierungen aus ihrem Begründungskontext herausgegriffen werden (das ist eine spezifische Schwäche vieler neuerer Curricula mit Qualifikationskatalogen!); zweitens habe ich Bedenken, weil ich tatsächlich der Meinung bin, daß nicht jedes sinnvolle Lernziel in Verhaltensbeschreibungen übersetzt werden kann (s. u., Trainingsbogen 3).

Auflösung zu Abschnitt 15 (Aufgabe)

Diese Frage kann verbindlich nur dann beantwortet werden, wenn interpretierende Präzisierungen der Lernzielformulierungen vorgenommen werden.

M. E. sind folgende Lernziele *nicht unmittelbar als Verhaltensbeobachtung* zu bestimmen:

Nr. 13: Selbst wenn die „Fähigkeit" überprüft werden könnte, muß die „Bereitschaft" in adäquaten Situationen kontrolliert werden.
Nr. 14: schon deshalb, weil die Lebenssituation, in der dieses Verhalten aktualisiert werden kann, fast nie im Unterricht liegt.
Nr. 21: je nach Interpretation.
Nr. 24: je nach Interpretation (s. o.).

Auflösung zu Abschnitt 16 (Kontrollübung)

Erster Fehler: Auch die kognitiven Lernziele sind verhaltensbezogen; es ist also widersprüchlich, nur die „emotionalen" Lernziele so zu bezeichnen.
Zweiter Fehler: Nicht nur die kognitiven (also auf die Bildung des Intellekts bezogenen), sondern auch die emotionalen Lernziele sind gemäß These C inhaltsbezogen.

Trainingsbogen 2

Abstraktionsniveaus von Lernzielen

Lernziele können auf unterschiedlichen Abstraktionsniveaus formuliert werden. Vergleicht man mehrere Lehrpläne oder Fachdidaktiken miteinander, so erhält man den Eindruck, daß es nahezu reine Willkür der jeweiligen Autoren ist, wann ein Lernziel als abstrakt und wann als konkret bezeichnet wird. Deshalb enthält dieser Trainingsbogen:

- einen Definitionsversuch
- Übungen zum Schätzen von Abstraktionsniveaus
- eine Diskussion der unterschiedlichen Funktionen vager und konkreter Lernzielformulierungen
- Hinweise zum Sprachgebrauch.

1.

> **These A:** Lernziele können auf unterschiedlichen Abstraktionsniveaus formuliert werden.

Diese erste These ist weder neu noch sonderlich überraschend.
Die folgenden Fragen sind dagegen kompliziert und die Antworten problematisch; sie werden in der neueren Curriculum-Literatur zum Teil heftig diskutiert:

— Welches *Verhältnis* besteht zwischen den unterschiedlichen Abstraktionsniveaus eines Lernzielkatalogs?
— Haben Lernzielformulierungen unterschiedlichen Abstraktionsniveaus auch unterschiedliche *Funktionen* in einem Lehrplan?
— Kann man aus den Formulierungen des einen Niveaus *ableiten* (deduzieren), welche Lernziele auf einem niedrigeren Niveau gemeint sein müßten?
— Welches Abstraktionsniveau ist das *günstigste,* wenn eine größere Menge von Lernzielen zu einem Curriculum zusammengestellt werden muß?

Sie sollen diese vier Fragen nicht sofort beantworten; Sie sollten aber einplanen, daß sowohl bei Ihrer möglichen Mitarbeit in Curriculum-Kommissionen als auch bei jeder konkreten Unterrichtsvorbereitung immer wieder Aufgaben von der folgenden Art auf Sie zukommen, die eigentlich die Lösung der vier Fragen zur Voraussetzung haben:

— Sie müssen mit dem Sprachnebel neuerer Curricula fertig werden und vage Lernzielformulierungen in die spezifische Situation Ihrer Schulklasse übertragen!
— Sie müssen Verhaltensbeschreibungen oder Qualifikationslisten, die noch zu allgemein formuliert sind, interpretierend konkretisieren und auf Ihre Fachdidaktik beziehen!
— Sie müssen entscheiden, wie „offen" oder wie „verplant" das Curriculum werden soll, an dem Sie arbeiten!

Dieser Trainingsbogen kann solche zum Teil auch bildungspolitisch zu verantwortenden Entscheidungen nicht vorwegnehmen, wohl aber Ihnen einige Gesichtspunkte zur Bearbeitung der Fragen an die Hand geben.

2. Wann ist ein Lernziel abstrakt?

Lesen Sie bitte noch einmal die folgende Lernzieldefinition! (Sie stammt aus Trainingsbogen 1, Abschnitt 8)

> Lernziel = sprachlich artikulierte Vorstellung über die durch Unterricht (oder andere Lehrveranstaltungen) zu bewirkende gewünschte Verhaltensänderung eines Lernenden.

Im Blick auf diese Definition kann die Frage nach abstrakt/konkret nur auf die sprachlich geäußerten Vorstellungen bezogen werden, die bestimmte Personen von den gewünschten Lernergebnissen haben. Es gibt also *abstrakte oder konkrete Vorstellungen* über die erwarteten Verhaltensänderungen der Schüler.

Der Versuch, eine eindeutige Definition für „abstrakt" zu liefern, ist mir nicht gelungen. Die Schwierigkeiten ergeben sich dadurch, daß umstritten ist, ob das sprachliche Abstraktionsniveau eines Lernziels losgelöst von oder vermittelt mit der Einfachheit/Vielschichtigkeit des *Inhalts* definiert werden muß, auf den sich die Formulierung bezieht:

Erste Alternative: Das Abstraktionsniveau eines Lernziels muß unter Berücksichtigung der Vielschichtigkeit des Gegenstandes definiert werden, auf den sich das Ziel bezieht.

Zweite Alternative: Das Abstraktionsniveau muß unabhängig von der Vielschichtigkeit des Gegenstandes definiert werden, auf den es sich bezieht.

Die *erste Alternative* geht von einer *Dialektik* aus, die zwischen der Vielschichtigkeit der natürlichen und sozialen Welt und dem sprachlichen Zugriff auf diese Welt besteht. Die *zweite Alternative sieht keine solche Dialektik*. Die hier erörterten behavioristischen Modelle zur Lernzielanalyse gehen — sofern überhaupt diese Frage diskutiert wird — von der zweiten Alternative aus. Hier liegt der Angelpunkt für eine systematische Kritik behavioristischer Ansätze zur Lernzielanalyse.

Trotz dieser Bedenken geht die folgende *umschreibende Definition* von der zweiten Alternative aus; sie muß es tun, weil sonst der gesamte Bezugsrahmen der hier vorgelegten Verfahren zur Lernzielanalyse gesprengt würde:

> **Definition:** Eine Lernzielformulierung ist dann abstrakt, wenn durch sie viele alternative Konkretisierungen zugelassen werden.

Trotz der Formalität dieser Definition bleibt anzumerken: Auch abstrakte Lernziele können nicht völlig losgelöst von Inhalten formuliert werden; sie sind aber an einen größeren Kreis möglicher Inhalte gebunden.

Diese Definition ist als „umschreibend" zu bezeichnen, weil sie im Grunde nur einen *Indizienbeweis* für das Vorliegen eines abstrakten Lernziels erlaubt: Ein Lernziel ist dann abstrakt, wenn es nicht konkret ist. (Ähnlich könnten Sie auch *Bumerang* definieren: „Bumerang ist, wenn man ihn wegwirft und er kommt nicht wieder, ist er keiner gewesen!")

Beispiel 1

eher abstrakt	„Der Schüler lernt das Verhältnis zwischen Sprache und Kultur kennen." (Fundort: Schulreform NW, Sekundarstufe II, Heft 2, Deutsch 1972, S. 57)
eher konkret	„Der Schüler gewinnt Einblick in die Wechselbeziehungen zwischen Literatur und Gesellschaft am Beispiel einer literarischen Situation der Vergangenheit." (a. a. O., S. 67)

Beispiel 2

eher abstrakt	„Fähigkeit, die gesellschaftliche Funktion von Konflikten zu erkennen" (Fundort: Richtlinien für den politischen Unterricht, hrsg. vom Kultusminister NW, Stuttgart 1973, S. 17)
eher konkret	„Erkennen, daß der Konflikt die Herrschenden zwingt, ihre Herrschaft immer wieder zu legitimieren" (a. a. O., S. 18)

Wenn Sie die beiden Lernziel-Paare genau gelesen haben, werden Sie mir hoffentlich zustimmen: Die *Vorstellung* über das anzustrebende Schülerverhalten ist bei den „eher konkreten" Zielen schon ein wenig eindeutiger und differenzierter als bei den „eher abstrakten" Lernzielformulierungen.

Die Frage nach dem Abstraktionsniveau einer Formulierung bezieht sich also auf das *semantische Problem,* wieviele reale oder ideelle *Bedeutungen* einem Wort zugeordnet werden können. Ein einfaches Beispiel:

1. *Das Wort „Gebäude":* Sie können einen Sammelbegriff wie diesem zahlreiche Bedeutungen unterlegen: Haus, Hütte, Palast, Verwaltungsgebäude, usw.
2. *Das Wort „Bungalow":* Sie können (sofern Sie nicht gerade ein Mann vom Bau oder anderen einschlägigen Berufen sind) diesem Wort nicht

viel mehr Bedeutung zuordnen als die eine, daß es sich um einen
Bungalow handeln müsse!

3. Exkurs zum Wort „semantisch"

Ich habe eben behauptet, daß die Frage nach den Abstraktionsniveaus
von Lernzielen ein semantisches Problem darstelle. Das Wort „semantisch" taucht in neueren Curricula immer häufiger auf; es wird aber nur
selten erläutert. Zumeist wird es im Sinne *behavioristischer Sprachtheorien* verwandt (vgl. zum Begriff „Behaviorismus" den Trainingsbogen 1, Abschnitt 6). Der nordamerikanische Sprachtheoretiker
Charles Morris hat vorgeschlagen, drei Dimensionen der Sprachbetrachtung zu unterscheiden:

1. Die *syntaktische Dimension* wird als Ausdruck der Relation von
   Zeichen untereinander, also auch eines Einzelzeichens zum Zeichensystem, begriffen.
   Beispiele:
   1. Die Frage nach dem Auftreten einer bestimmten Nachsilbe
      (etwa -er) zur Kennzeichnung des Plural (Haus — Häuser)
      ist eine syntaktische Frage.
   2. Die in der Grammatik traditionell als „Syntax" behandelten
      Fragen des Satzbaus sind (weitgehend) syntaktische Fragen.
2. Die *semantische Dimension* der Sprachbetrachtung hat es mit den
   Beziehungen zwischen einem Zeichen und dem, wofür dieses
   Zeichen steht, zu tun. Diese Dimension diskutiert das Verhältnis
   zwischen Zeichen und Bezeichnetem.
   Beispiele:
   1. Die Tatsache, daß es in der Eskimosprache erheblich mehr
      Bezeichnungen für den Gegenstand Schnee gibt als im
      Deutschen, ist ein semantisches Problem.
   2. Die Probleme, die sich bei der Suche nach Synonyma (= sinnverwandte Wörter) für die Definition von Wörtern in einem
      Wörterbuch ergeben, sind semantischer Art.
3. Die *pragmatische Dimension* hat es mit den durch Zeichen vermittelten Beziehungen zwischen einem Sprecher und einem Hörer zu tun.
   Beispiel:
   In der semantischen Dimension ist die Bedeutung des Zeichens
   „Verkehrsampel schaltet auf rot" vereinbart worden.
   In der pragmatischen Dimension ist nun zu diskutieren, ob ein
   Schüler, der die Bedeutung des Verkehrszeichens erfaßt hat,
   nun auch dieser Bedeutung gemäß handelt oder nicht.

(Eine Kritik dieser drei Definitionen findet sich bei Georg Klaus: Die Macht des Wortes, 2. Aufl., Berlin 1965, S. 11 ff.)

Die sprachlichen Probleme dieser drei Dimensionen lassen sich selbstverständlich nicht säuberlich voneinander trennen. Die hier vertretene *These* lautet jedoch: *Die Frage nach dem Abstraktionsniveau von Lernzielen ist (primär) ein semantisches Problem!*

4. Übungsaufgabe

Lernzielformulierungen können, weil sie sprachliche Äußerungen darstellen, in allen drei Dimensionen analysiert und diskutiert werden. Dabei ist zu vermuten, daß sie *in der syntaktischen Dimension* immer gleich, nämlich *einfach* ausgedrückt sind. (Es handelt sich um Aussagesätze und Aufforderungen.)

Erst in der semantischen Dimension, die nach dem Verhältnis des Bezeichnenden zum Bezeichneten fragt, wird es dann sinnvoll, *eher abstrakte* von *eher konkreten Zeichen* zu unterscheiden.

> Ein abstraktes Lernziel ist abstrakt im Blick auf die Fülle konkreter Einzelheiten, deren allgemeinere und „dünnere" Zusammenfassung es darstellt.

Versuchen Sie bitte, die beiden folgenden Lernzielpaare im Blick auf unsere Definition zu ordnen:

> 1. „Kreativität (Offenheit für und Streben nach neuen Einsichten, Positionen, Normen)"
>
> 2. „Aufklärung der erkenntnisleitenden Interessen, der gesellschaftspolitischen Voraussetzungen, Implikationen und Konsequenzen wissenschaftlicher Forschung" (Kollegstufe NW, hrsg. vom nordrhein-westfälischen Kultusminister, Ratingen 1972, S. 29)

Nr. 1 ist eher . . . . ; Nr. 2 ist eher . . . .

> 1. „Der Schüler soll die Bereitschaft zur politischen Aktion erwerben." (nach: Niedersächsische Handreichungen für Lernziele, Kurse und Projekte im Sekundarbereich II, gesellschaftswissenschaftliches Aufgabenfeld, Hannover 1972, S. 9)
>
> 2. „Der Schüler soll Einsicht in die Interdependenz aller politischen, sozialen, ökonomischen und räumlichen Prozesse in der verwissenschaftlichten und arbeitsteiligen Welt erhalten." (a. a. O., S. 8)

Nr. 1 ist eher . . . . ; Nr. 2 ist eher . . . .

5. Warnung vor einem ersten Mißverständnis

Die Frage nach dem Abstraktionsniveau bezieht sich zunächst einmal *nicht* auf die Abstraktheit oder Konkretheit des Gegenstandes (Inhalts), von dem das Lernziel handelt, sondern auf die Abstraktheit oder Konkretheit des *sprachlichen Zugriffs* auf diesen Gegenstand.
Beispiel: Ein Lernziel zum Thema „Meerschweinchen" hat einen sehr anschaulichen Inhalt; ein Lernziel zum Thema „physikoteleologischer Gottesbeweis" einen sehr unanschaulichen.
Die Frage, wie abstrakt oder konkret die Formulierungen dieser beiden Lernziele ausfallen werden, ist damit noch nicht vorentschieden. Beide können (im Blick auf das angestrebte Schülerverhalten) *sehr abstrakt* formuliert werden; ebensogut wäre nach entsprechenden Detailanalysen eine sehr *konkrete* Formulierung beider Ziele denkbar.

(Auch hier ist dieselbe Anmerkung fällig wie im Abschnitt 2 dieses Trainingsbogens: Ein dialektisches Verhältnis zwischen der Abstraktheit des sprachlichen Zugriffs und der Abstraktheit des Gegenstandes wird in behavioristisch orientierten Modellen nicht in Betracht gezogen!)

6. Warnung vor einem zweiten Mißverständnis

Die Frage nach dem Abstraktionsniveau einer Lernzielformulierung darf nicht mit der Frage nach dem *Schwierigkeitsgrad des Lernziels* verwechselt werden!
Die *erste Frage* bezieht sich, das sei noch einmal wiederholt, auf das *semantische Problem,* wieviele Bedeutungen bestimmte Zeichen haben. – Die *zweite* bezieht sich darauf, ob bestimmte gewünschte Verhaltensänderungen der Schüler aus *lernpsychologischen* oder *didaktischen* Gründen besonders schwierig sind. (Die Verwechslungsmöglichkeit entsteht nur dadurch, daß erfahrungsgemäß sogenannte „abstrakte" Lerninhalte in der Regel auch die schwierigeren sind!)
Die Frage nach dem Schwierigkeitsgrad von Lernzielen wird im *Trainingsbogen 5* ausführlich diskutiert!

7. Kontrollaufgabe

Ein Student meines Seminars sollte eine umfangreichere Liste von Lernzielen nach ihrem Abstraktionsniveau ordnen. Er setzte das Lernziel „Fähigkeit, ein Konversationslexikon zu benutzen" als Lernziel mit dem niedrigsten Abstraktionsniveau an. Zur Rechtfertigung sagte er: „Das ist doch das Primäre! Wenn der Schüler das Lexikon nicht benutzen kann, kann er auch die anderen Lernziele auf keinen Fall erreichen."

Skizzieren Sie bitte den *Argumentationsfehler* des Studenten:

....
....
....
....
....

(Beachten Sie bitte, daß es bei diesem Argumentationsfehler nicht um eine inhaltliche, sondern um eine *formale* Frage nach dem Abstraktionsniveau geht!)

8. Beispielliste I

Kreuzen Sie bitte in der folgenden Lernzielliste an, ob Sie die Lernziele gemäß der Definition in Abschnitt 2 dieses Trainingsbogens *eher für abstrakt* oder *eher für konkret* halten.

Lernziel	eher abstrakt	eher konkret	Nr.
Erwerb der Qualifikation zum Wirtschaftsbürger			1
Fähigkeiten zur Einsicht, daß die beruflichen Arbeitsfunktionen durch den technischen Fortschritt Veränderungen erfahren.			2
Satztechnische Regeln für Fußnoten, Marginalien und Rubriken sowie den Durchschuß (Registerhalten!) aufzählen und begründen.			3
Berufe und Tätigkeiten in der Druckindustrie charakterisieren.			4
Zweck und Gestaltung von Geleitwort, Vorwort, Inhaltsverzeichnis und Register erläutern.			5
Die Schüler sollen ihre eigenen Interessenlagen mit denen anderer vergleichen und befähigt werden, sie sozialverantwortlich durchzusetzen.			6
Die Schüler sollen lernen, eigene Interessen im Rollenspiel zu artikulieren.			7

(Fundort der Mehrzahl dieser Ziele: Rahmenlehrpläne der beruflichen Schulen des Landes Hessen)

9. Beispielliste II

Die Entscheidung für „konkret" oder „abstrakt" dürfte Ihnen in der Beispielliste I wahrscheinlich leicht gefallen sein. Die folgende Liste ist jedoch problematischer:

Sie ist dem 1972 veröffentlichten Curriculum *Geschichte* der Sekundarstufe II in Nordrhein-Westfalen entnommen. Dieses Curriculum enthält:
— *Qualifikationen* (als relativ *abstrakte* Verhaltensbeschreibungen)
— *Lernziele* (als Konkretisierung der Qualifikationen)

Kreuzen Sie bitte an, ob es sich Ihrer Meinung nach um Qualifikationen oder um Lernziele handelt.

Lernziel	Qualifikation	Lernziel	Nr.
Fähigkeit, den Prozeßcharakter allen geschichtlichen Geschehens in seiner Dialektik von Offenheit und Bedingtheit zu erfassen und seine Mehrschichtigkeit zu sehen.			1
Fähigkeit, geschichtliche Ereignisse in ihrem Zusammenhang sehen zu lernen und zu erkennen, wann und warum etwas entstand und sich veränderte.			2
Einsicht in die Eigenart einer Zeit durch Vergleich mit anderen Epochen gewinnen.			3
Fähigkeit und Bereitschaft, die Individualität geschichtlicher Phänomene zu erkennen und ihre Dignität zu respektieren.			4
Fähigkeit und Bereitschaft, historische Phänomene in ihrer Andersartigkeit zu respektieren.			5
Fähigkeit, historische Phänomene in ihrer Andersartigkeit im Vergleich zu Erscheinungen der eigenen Zeit zu sehen und zu erkennen, daß aus der Gegenwart abgeleitete Kategorien nicht ohne weiteres übertragbar sind.			6

Nehmen Sie nun bitte einen andersfarbigen Stift zur Hand und *übertragen* Sie die „tatsächliche" Meinung der Curriculum-Kommission Geschichte aus dem Anhang, S. 53, *in die obige Liste!*

10. Problematisierung

Wahrscheinlich haben Sie bei den Zuordnungsentscheidungen von Liste II größere *Abweichungen* zur Curriculum-Kommission Geschichte. Es lohnt nun kaum, lange darüber zu streiten, ob Ihre Entscheidungen besser ausgefallen sind als die der Curriculum-Kommission oder nicht. Statt dessen sollten wir lieber nach den *maßgeblichen Gründen* für diese Schwierigkeiten fragen. *Kreuzen Sie* in der folgenden Liste *an*, welche der aufgezählten Gründe Ihnen die wesentlichen zu sein scheinen:
— Ungenauigkeiten der Curriculum-Kommission Geschichte?
— die aus prinzipiellen Gründen in vielen Lernzielbereichen nicht gegebene scharfe Abgrenzbarkeit des einen Lernziels vom anderen?
— die uneinheitliche Interpretation der Lernzielformulierungen bei wechselnden Lesern?
— die weder mögliche noch wünschenswerte scharfe Trennung von Verhaltensaspekt beim Schüler und fachwissenschaftlichem Aspekt?
weitere Gründe:

—   ....
    ....
    ....
—   ....
    ....
    ....
    ....
—   ....
    ....
    ....

11.

Der wichtigste Grund für die in Abschnitt 11 diskutierten Schwierigkeiten ist m. E. die folgende These:

> **These B:** Das Abstraktionsniveau von Lernzielen kann immer nur *relativ* zu einer Reihe vorliegender oder zumindest mitgedachter Lernziele bestimmt werden.

(Da „Abstraktion" nichts anderes als eine Relation ausdrückt, ist der Gehalt der These B trivial; angesichts vieler Mißverständnisse in neueren Curricula ist es m. E. dennoch angebracht, den Sachverhalt in Erinnerung zu rufen!)

Eindeutige Kriterien für die Bestimmung des Abstraktionsniveaus von Lernzielen gibt es (noch?) nicht. Ob die neueren Semantik-Theorien in dieser Frage einen Schritt weiter gekommen sind, mag dahingestellt bleiben; zumindest sind solche Ergebnisse in der *Praxis* der Lernzielanalyse noch nicht faßbar. Lesen Sie bitte noch einmal die folgenden beiden Lernziele:

eher abstrakt	„Fähigkeit, die gesellschaftliche Funktion von Konflikten zu erkennen"
eher konkret	„Erkennen, daß der Konflikt die Herrschenden zwingt, ihre Herrschaft immer wieder zu legitimieren"

Ohne Frage kann — bei entsprechender Fachkenntnis und unterrichtspraktischer Erfahrung — für das erste Beispiel eine sehr viel größere Anzahl von alternativen Konkretisierungen gefunden werden als für das zweite. Wieviele es genau sein werden, dürfte aber kaum anzugeben sein:

> *Quantifizierende* Angaben darüber, wieviele Alternativen zugelassen werden oder wieviele ausgeschlossen sind, sind nicht einmal dann möglich, wenn in der korrespondierenden Fachwissenschaft entsprechende Quantifizierungen vorliegen sollten!

Ob es viele oder wenige alternative Konkretisierungen eines Lernziels gibt, bezieht sich eben zunächst gar nicht auf die Vielschichtigkeit, den Facettenreichtum oder Differenzierungsgrad der „Sache", auf die sich eine Lernzielformulierung bezieht; vielmehr ist es eine Frage des Forscherfleißes, wann die Suche nach immer detaillierteren Beschreibungen der Veränderungsmöglichkeiten von Schülerverhalten *abgebrochen* wird.

Was tritt an die Stelle der eigentlich wünschenswerten genauen Kriterien?

> 1. Die Bestimmung des Abstraktionsniveaus ist nur in der Form einer *Schätzung* möglich!
> 2. Dieses Schätzen ist Sache des *Konsenses* in einer Gruppe (oder aber eines „Einzelkämpfers" mit sich selbst)!
> 3. Dieser Konsens wird nur erzielt und bewahrt, wenn das Schätzen vorher *trainiert* werden konnte.

Zusatz:
Eine ganz andere Frage ist natürlich die, ob die Einteilung eines Curri-

culum in lange Lernziellisten unterschiedlichen Abstraktionsniveaus *in jedem Falle* zweckmäßig ist! (Wobei sich Zweckmäßigkeit am Grad der Hilfestellung für den Lehrer bemessen sollte!)

In manchen neueren Curricula wimmelt es von Richtzielen, Grobzielen, Qualifikationen, Lernzielen erster, zweiter oder x-ter Ordnung, die oft nur noch rein additiv nebeneinander stehen. Hier hat man den Verdacht, daß die Gliederung eines Curriculum nach Lernziel-Abstraktionsniveaus zum *modischen Selbstzweck* geworden ist.

12. Abstrakt/Konkret als dialektisches Problem

Es ist schon mehrfach angemerkt worden, daß behavioristische Ansätze zur Lernzielanalyse von einem völlig undialektischen Ansatz ausgehen. Dialektisch, marxistisch, eventuell auch tiefenpsychologisch orientierte Theorien der Lernzielanalyse sind dringend erforderlich, um das Monopol behavioristischer Theorien in der Curriculum-Praxis der BRD zu brechen.

Eine dialektische Theorie der Lernzielanalyse könnte durch eine konstruktive Umsetzung der in der Nachfolge Hegels vorliegenden Diskussion über das Verhältnis von Abstraktion und Konkretion, von Analyse und Synthese, von Logischem und Historischem zu entwickeln versucht werden. Da diese Arbeit noch nicht geleistet ist, möchte ich lediglich auf einige Untersuchungen hinweisen, die einen Einstieg in diese Fragestellung ermöglichen:

E. W. Iljenkow: Die Dialektik des Abstrakten und Konkreten im „Kapital" von Marx, in: Alfred Schmidt (Hrsg.): Beiträge zur marxistischen Erkenntnistheorie (edition suhrkamp Nr. 349), Frankfurt 1969, S. 87 ff.

H. J. Sandkühler: Praxis und Geschichtsbewußtsein (edition suhrkamp Nr. 529), Frankfurt 1972, S. 215 ff.

A. Schmidt: Geschichte und Struktur (Reihe Hanser 84), München 1971, S. 49 ff.

13.

> **These C:** Lernziele hohen Abstraktionsniveaus haben eine andere Funktion als Lernziele niedrigen Niveaus.

In der Curriculum-Literatur besteht Einigkeit darüber, daß Lernziele hohen Abstraktionsniveaus andere Funktionen haben als solche niedrigen Abstraktionsniveaus. Einige Autoren sind sogar der Meinung, daß man auf die abstrakten Zielformulierungen — zumindest im gegenwärtigen desolaten Zustande der Erziehungswissenschaft — besser ganz verzichten sollte. Eine etwas größere Nüchternheit, so wird argumentiert, stünde der Erziehungswissenschaft sicherlich gut zu Gesicht.

Kreuzen Sie bitte an, ob Sie ebenfalls vorschlagen würden, auf abstrakte Zielformulierungen zu verzichten, wenn Sie in einer Curriculum-Kommission säßen.

☐ ja / ☐ nein

Im folgenden soll die Frage, die Sie jetzt wohl nur mehr oder weniger intuitiv beantwortet haben, ausführlicher diskutiert werden.

14. Drei-Stufen-Modell der Lernzielformulierung

Christine Möller hat in ihrem Buch „Technik der Lernplanung" (vierte, völlig überarbeitete Auflage Weinheim 1973) ein Drei-Stufen-Modell vorgeschlagen, das schon durch die Wahl der Namen die Funktionen der einzelnen Stufen andeutet. Dieses Modell hat, besonders in fachdidaktischer Literatur, weiteste Verbreitung gefunden.

Christine Möller unterscheidet:

1. *Richtziele:* Sie sind auf dem Abstraktionsniveau 3 formuliert und schließen nur sehr wenige alternative Konkretisierungen aus.
   Beispiel: „Befähigt werden, an Kultur- und Wirtschaftsleben des Staates teilzunehmen"

2. *Grobziele:* Sie sind auf dem Abstraktionsniveau 2 formuliert und schließen bereits eine größere Reihe von Alternativen aus.
   Beispiel: „Die verschiedenen Anredeformen in Geschäftsbriefen kennen"

3. *Feinziele:* Sie sind auf Abstraktionsniveau 1 formuliert und besitzen den höchsten Präzisionsgrad. Sie erlauben eine eindeutige Bestimmung des gewünschten Schülerverhaltens und schließen alternative Interpretationen aus.
   Beispiel: „Zehn vorgegebenen Geschäftsbriefen ohne Anrede von den zehn vorgegebenen Anredeformen mindestens acht richtig zuordnen können"

Die bei Christine Möller durchgeführte säuberliche Zuordnung aller Lernziele zu diesen drei Stufen darf nicht darüber hinwegtäuschen, daß die *These B auch weiterhin gilt:* Das Abstraktionsniveau kann nur *relativ* zu anderen Formulierungen bestimmt werden. Deshalb halte ich die von Möller vorgeschlagene Durchnumerierung von Abstraktionsniveau 1 bis 3 nicht für sonderlich glücklich! Sie suggeriert dem unbefangenen Leser eine Quantifizierbarkeit der Zuordnungen, wo keine besteht. Für besser halte ich die Wortwahl:

Lernziele *hohen* Abstraktionsniveaus (Richtziele)
mittleren Abstraktionsniveaus (Grobziele)
niedrigen Abstraktionsniveaus (Feinziele)

---

15. Kontrollaufgabe

Die folgende Lernzielliste enthält Beispiele von Christine Möller und aus den Hessischen Rahmenlehrplänen für berufliche Schulen. Diese Rahmenlehrpläne arbeiten ebenfalls mit Richt-, Grob- und Feinzielen. *Kreuzen Sie bitte an, welche Formulierungen Sie für Grobziele halten* und *vergleichen* Sie danach mit den tatsächlichen Zuordnungen, die auf der letzten Seite dieses Trainingsbogens vermerkt sind:

Lernziel	Nr.
Streben nach optimaler Gesundheit	1
Fotosatzmontage anfertigen	2
Berufswahl- und Berufsvorbereitung treffen	3
Die Korrektur als wichtiges Merkmal für wirtschaftlichen Einsatz von Fotosatzanlagen bewerten	4
Eine Damenbluse nähen	5
Eine Eingabe an die Regierung zwecks Aufzeigung der inkonsequenten staatlichen Haltung zum Problem „Volksgesundheit und Tabakindustrie" schreiben können	6

Sie werden vermutlich gleichermaßen wie ich bei meiner ersten Lektüre von Möller und Hessen-Rahmenlehrplan überrascht sein, was alles unter dem Etikett „Grobziel" klassifiziert werden kann. Man muß also immer befürchten, daß Grobziele beim Überschreiten von Landesgrenzen zu Feinzielen werden und umgekehrt. Die einzige Konsequenz, die m. E. hier zu ziehen ist, lautet: Die Mitglieder von Curriculum-

Kommissionen müssen *untereinander* zu einheitlichem Sprachgebrauch gelangen und zusätzlich möglichst viel *mit Beispielen arbeiten,* an denen die „Abnehmer" eines Curriculum die gemeinte Abstraktionsebene (und damit die Spielbreite möglicher Realisierungen dieses Curriculum) ablesen können.

16. Funktionen von Richtzielen

Richtziele geben — im Gegensatz zum Wortsinn — nur sehr ungenau an, in welche *Richtung* sie konkretisiert werden sollen. Dennoch tauchen sie in Strukturplänen, Rahmenrichtlinien, ebenso aber auch in ausdifferenzierten Curricula und Teilcurricula immer wieder auf. Die Frage ist nur, was sie in ihrem Kontext zu leisten vermögen.

Meine These: Richtziele können gerade deshalb bestimmte Leistungen erbringen, weil sie vieldeutig sind. Pointiert formuliert:
Die Stärke der Richtziele liegt in ihrer Vagheit!

Gerade weil Richtziele vage sind, helfen sie, eine echte oder auch nur scheinbare Verständigung unter den auf Verständigung dringend angewiesenen Planern und Ausführenden eines Curriculum herzustellen. Denn jeder Leser findet in bestimmten Formeln seine eigenen Meinungen und Überzeugungen wieder, auch wenn sie — genauer definiert — im Widerspruch zu den Überzeugungen und Meinungen des Nachbarn stehen sollten. Richtziele werden so zu *Slogans,* die kommen, blühen und wieder vergehen. Auch in der Erziehungswissenschaft ist kein Mangel an solchen Slogans, die oft schon verschlissen sind, bevor sie den Höhepunkt ihrer Verbreitung gefunden haben:

Erziehung zur Emanzipation
Mündiger Wirtschaftsbürger
Verbesserung der Lebensqualität

Im bildungspolitischen Tagesgespräch macht es dann überhaupt keinen Unterschied, ob ein solcher Begriff der Anstrengung großer Philosophie entstammt (z. B. der der Emanzipation) oder der Weltanschauungslehre von Dunkelmännern (z. B. der des „Rechts" auf Lebensraum).

Kreuzen Sie bitte in der folgenden Liste *an,* welche der aufgezählten denkmöglichen Funktionen Ihrer Meinung nach am ehesten in Frage kommen:

1. Richtziele dienen der Konsensherstellung in einer Curriculum-Kommission.	
2. Richtziele dienen der Übertragung des Kommissions-Konsenses auf die Lehrer und Schüler.	
3. Richtziele haben die Funktion, Neuerungen vorzubereiten; sie popularisieren allgemeine Zielsetzungen, die wohl erst Jahre später im Unterricht verwirklicht werden.	
4. Richtziele dienen dazu, Einstellungen in der Öffentlichkeit zu verändern.	
5. Richtziele liefern das Vokabular, um bildungspolitische Auseinandersetzungen zu führen.	
6. Richtziele dienen der „Psychohygiene" des Lehrers; sie entlasten sein Gewissen z. B. durch den Hinweis, daß ja alles, was er tue, so schrecklich emanzipativ sei.	
7. Richtziele dienen der Konstruktion von Curricula, weil aus ihnen Grob- und Feinziele logisch abgeleitet werden können.	

17. Funktionen von Grob- und Feinzielen

Grob- und Feinziele sind viel klarer als die Richtziele auf konkrete Unterrichtsplanungen, auf Fachstrukturen und Lernpsychologie bezogen.

Kreuzen Sie wiederum *an,* welche der aufgelisteten Funktionen Ihrer Meinung nach am ehesten von Grob- und Feinzielen geleistet werden:

1. Grob- und Feinziele dienen der Steuerung des Unterrichtsablaufs.	
2. Grob- und Feinziele werden für die Unterrichtsvorbereitung erforderlich, wenn die Forschungsergebnisse der Sozialwissenschaften (Psychologie, Soziologie, Erziehungswissenschaft) auf konkrete Unterrichtsprobleme angewandt werden sollen.	
3. Grob- und Feinziele dienen der zielorientierten Erfolgskontrolle des Unterrichts.	
4. Grob- und Feinziele dienen der Schulaufsicht zur Kontrolle der Tätigkeit des Lehrers.	
5. Grob- und Feinziele dienen der Lehrmittelindustrie, um „kultusminister-gerechte" Lehrbücher und Materialien zu produzieren.	
6. Feinziele dienen nur dem Wissenschaftler; sie sind überspezifiziert und können – schon wegen der begrenzten Gedächtniskapazität des Lehrers – nicht im Unterricht berücksichtigt werden. (Es ist unmöglich, gleichzeitig an 50 oder auch nur 20 Feinziele zu denken!)	

Abstraktionsniveaus von Lernzielen 51

(In dieser Liste wird auf eine Unterscheidung der Funktionen von Grob- und Feinzielen verzichtet, weil sie beim gegenwärtigen Wissensstand zu Spitzfindigkeiten führen müßte!)

18. Unterschiedliche Bezeichnungen für Abstraktionsniveaus

Das Schätzen von Abstraktionsniveaus bereitet Schwierigkeiten — das haben wir in diesem ganzen Trainingsbogen immer wieder festgestellt. Entsprechend uneinheitlich sind die in bundesrepublikanischen Curricula vorkommenden Namen. Man erwiese sich nun aber einen Bärendienst, wollte man den Sprachgebrauch bundeseinheitlich oder für ein Bundesland oder auch nur für eine Fachdidaktik festlegen. Weil Abstraktionsniveaus nur in Relation zu vorliegenden Beispielen geschätzt werden können, würde ein solcher Versuch zu Dogmatismus führen. Ein knapper Überblick über den Sprachgebrauch ist aber sicherlich für diejenigen hilfreich, die selbst entscheiden müssen, welche Bezeichnungen sie wählen sollen:

1. Christine Möller unterscheidet:

> 1. Richtziele; 2. Grobziele; 3. Feinziele (s. o.)

Dieser Sprachgebrauch wird in immer mehr Curricula übernommen!

2. Die *Rahmenlehrpläne für die beruflichen Schulen im Lande Hessen* unterscheiden:

> 1. Richtziele; 2. Grobziele; 3. Feinziele

(Das veröffentlichte Curriculum enthält aber nur die Richt- und die Grobziele.)

3. Die *Richtlinien für den Politischen Unterricht in Nordrhein-Westfalen* unterscheiden:

> 1. Qualifikationen; 2. Lernziele erster Ordnung; 3. Lernziele zweiter Ordnung

4. Die *Rahmenrichtlinien für die Sekundarstufe I in Hessen, Gesellschaftslehre,* unterscheiden in einem problemangemessenen, sehr komplexen Zugriff:

> - Lernfelder
> - allgemeine Lernziele
> - Differenzierung der allgemeinen Lernziele unter fachspezifischen Aspekten

5. Die Hefte zur *KMK-Oberstufenreform in Nordrhein-Westfalen* unterscheiden in den einzelnen Heften nach unterschiedlichen Gesichtspunkten. Es wird sowohl mit Zwei- als auch mit Drei-Stufen-Modellen gearbeitet:

Heft 2/*Deutsch:*	Kursziele/Teilziele
Heft 3/*Geschichte:*	Qualifikationen/Lernziele 1. Ordnung/ Lernziele 2. Ordnung
Heft 4/*Englisch:*	Allgemeine fachbezogene Lernziele/ Teilziele
Heft 9/*Erziehungswissenschaft:*	Richtziele/ Grobziele
Heft 11/*Kathol. Religionslehre:*	Globalziel/ Teilziele
Heft 12/*Mathematik:*	„Zielsetzung" (ohne weitere Stufung)

6. *Kollegstufe Nordrhein-Westfalen* (Heft 17 der Schriftenreihe des Kultusministers NW):
   Die Konzeption unterscheidet *allgemeine und fachliche Lernziele* (Heft 17, S. 22).
   Vorsicht: Diese *Unterscheidung bezieht sich nicht auf das Abstraktionsniveau,* sondern auf die *Funktion* der beiden Zielformen:
   Allgemeine Lernziele (z. B. das der Kritikfähigkeit des Schülers) können also sehr konkret ausdifferenziert werden.
   Und fachliche Lernziele können sehr abstrakt gefaßt werden (z. B. „gesellschaftliche Funktionstüchtigkeit").
   Die Frage, mit welchen Bezeichnungen auf den einzelnen Abstraktionsstufen gearbeitet werden soll, ist für die Kollegstufen-Curricula noch offen und von der Entscheidung der einzelnen Curriculum-Kommissionen abhängig.

Anhang: Auflösung der Übungsaufgaben

Auflösung zu *Abschnitt 4 (Übungsaufgabe)*

Erstes Lernzielpaar: Nr. 1 ist eher abstrakt;
                            Nr. 2 ist eher konkret.
Zweites Lernzielpaar: Nr. 1 ist eher abstrakt;
                            Nr. 2 ist eher konkret.

Auflösung zu Abschnitt 7 (Kontrollaufgabe)

Die Formulierung dieses Lernziels („Fähigkeit, ein Konversationslexikon zu benutzen") läßt ohne die Kenntnis der gesamten Liste noch keine Einschätzung des Abstraktionsniveaus zu. (Tendenz: eher konkret!)
    Die *Begründung* des Studenten ist jedoch unsinnig, und zwar deshalb, weil aus der Tatsache, daß das Lexikon-Benutzen auch für sehr einfache Lernziele instrumentell herangezogen werden kann (z. B. für das Lernziel: „Auswendiglernen von Fachausdrücken"), nicht abgeleitet werden darf, daß dieses instrumentelle Lernziel das konkreter formulierte sei.

Auflösung zu Abschnitt 8 (Beispielliste I)

Lernziel Nr. 1 = eher abstrakt
Lernziel Nr. 2 = eher konkret
Lernziel Nr. 3 = eher konkret
Lernziel Nr. 4 = eher abstrakt
Lernziel Nr. 5 = eher konkret
Lernziel Nr. 6 = eher abstrakt
Lernziel Nr. 7 = eher konkret
(Wenn Sie beim Lernziel Nr. 7 anders entschieden haben, so dürften Sie vermutlich die syntaktische Einfachheit mit der semantischen Konkretheit verwechselt haben!)

Auflösung zu Abschnitt 9 (Beispielliste II)

Die Curriculum-Kommission Geschichte hat folgendermaßen zugeordnet:
Lernziel Nr. 1 = Qualifikation
Lernziel Nr. 2 = Lernziel
Lernziel Nr. 3 = Lernziel
Lernziel Nr. 4 = Qualifikation
Lernziel Nr. 5 = Lernziel
Lernziel Nr. 6 = Qualifikation

Hinweis zu Abschnitt 10 (Problematisierung)

Ich halte alle vier aufgezählten Gründe für relevant!

Hinweis zum Abschnitt 13

Meines Erachtens muß die Frage ganz klar mit „nein" beantwortet werden (vgl. auch Trainingsbogen 6, Abschnitt 7)!

Auflösung zu Abschnitt 15 (Kontrollaufgabe)

Alle sechs Lernzielformulierungen werden von den Autoren als Grobziele bezeichnet. Richt- und Feinziele sind nicht dabei. Die Inhomogenität kommt vor allem dadurch zustande, daß diese sechs Formulierungen aus ihrem Zusammenhang gerissen worden sind.
    Von Christine Möller kommen die Lernziele Nr. 1, 5 und 6; aus dem Hessischen Rahmenlehrplan die Nummern 2, 3 und 4.

Hinweise zum Abschnitt 16 (Funktionen von Richtzielen)

M. E. *können* Richtziele die Funktionen Nr. 1 bis 6 erfüllen — und viele weitere, hier nicht aufgeführte. Das heißt nicht, daß sie all diese Funktionen meiner Meinung nach ausfüllen *sollten:* vgl. Funktion Nr. 6.
    Funktion Nr. 7 beruht auf einem Trugschluß: Weil logische Deduktion nicht möglich ist, kann auch nicht auf diesem „direkten" Wege konstruiert werden (vgl. dazu Trainingsbogen 3)!

Hinweise zu Abschnitt 17 (Funktionen von Grob- und Feinzielen)

Die wichtigsten Funktionen sind m. E. die Funktionen 1 und 3! Die Frage, ob die Funktionen 3 und 4 eintreten werden, ist nicht von der Hand zu weisen. — Auf jeden Fall wäre es fatale Naivität zu meinen, durch lernzielorientierten Unterricht erhalte der Lehrer „automatisch" einen größeren Freiheitsspielraum.

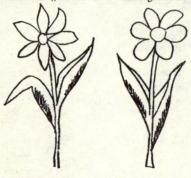

Trainingsbogen 3

Lernziel-Operationalisierung

Die Forderung, nur noch mit operationalisierten Lernzielen zu arbeiten, ist schon nahezu zum Mäntelchen curricularer Wissenschaftsbeflissenheit geworden. Die Vorteile, die das Operationalisieren für Curriculum-Entwicklung und Unterrichtsplanung bringen kann, werden aber oft überbewertet. Aufgabe dieses Trainingsbogens soll es sein, die methodologisch begründbare Leistungsfähigkeit des Operationalisierens zu erörtern. Der Bogen enthält:

— eine enge und eine weite Definition des Operationalisierungsbegriffs
— Beispiele für die Kleinarbeitung von Lernzielen
— eine Kritik der drei Kriterien zur Lernziel-Operationalisierung von Robert Mager
— Überlegungen zu den Grenzen der Operationalisierbarkeit von Lernzielen.

1. Vorklärung

Die Forderung, nur noch mit operationalisierten Lernzielen zu arbeiten, wird den Lehrern von Bildungspolitikern, von Curriculum-Theoretikern und auch von Kultusministern immer wieder vorgehalten. Nur: was man darunter zu verstehen habe, wird oft nicht dazu gesagt. So liest man z. B. im „Strukturplan für das Bildungswesen":

> „Die Lernziele müssen heute auf allen Stufen eindeutiger bestimmt werden, so daß klar zum Ausdruck kommt, über welche Leistungs- und Denkformen ein Lernender am Ende einer Lerneinheit verfügen soll. Eine solche *Operationalisierung der Lernziele* erlaubt objektive Kontrollen." (Deutscher Bildungsrat, Strukturplan für das Bildungswesen, Stuttgart 1970, S. 82)

Rudolf Messner schreibt in dem höchst informativen und verständlich geschriebenen Buch „Didaktische Impulse":

> „Bei der *Operationalisierung* eines Sachverhalts werden die methodischen Operationen angegeben, die zu seiner Feststellung erforderlich sind." (Messner/Rumpf [Hrsg.]: Didaktische Impulse, Wien 1971, S. 12)

In den beiden Zitaten wird keinesfalls das gleiche gesagt. Im ersten Zitat wird lediglich gefordert, daß die Lernziele in Zukunft *eindeutiger formuliert* werden sollen, um die Zielerreichung überprüfen zu können. Im zweiten Zitat wird demgegenüber weitergehend verlangt, daß die *methodischen Operationen* angegeben werden sollen, mit denen die Zielerreichung beim Schüler festgestellt werden kann.

Methodenbewußte Sozialwissenschaftler würden im ersten Falle noch gar nicht von einer Operationalisierung sprechen. Nun ist es allerdings sehr schwierig, einen einmal eingerissenen unkorrekten Sprachgebrauch wieder zurückzunehmen. Ich schlage deshalb vor, eine *Operationalisierung im weiteren Sinne* von der Operationalisierung *im engeren Sinne* zu unterscheiden.

2. Definitionsvorschläge

Ich möchte folgende Definitionsvorschläge machen:

> **Definition:**
> 1. *Lernziel-Operationalisierung im weiteren Sinne:*
> = semantisch möglichst eindeutige Angabe der beobachtbaren Elemente der gewünschten Veränderung des Schülerverhaltens
>
> 2. *Lernziel-Operationalisierung im engeren Sinne:*
> = Angabe der Meßoperation, mit der ein beobachtbares Element einer gewünschten Veränderung des Schülerverhaltens erfaßt werden kann

Lassen Sie bitte die zweite, engere Definition zunächst unbeachtet. Dieser und die nächsten drei Abschnitte handeln nur von der weiteren Definition.

Die vorgeschlagene Definition der Lernzieloperationalisierung im weiteren Sinne macht zwei Annahmen:
— *Erste Annahme:* Lernziele können „semantisch eindeutig" formuliert werden. Daß diese Annahme mit einer ganz massiven Einschränkung gelesen werden muß, folgt aus der „Relativitäts-Hypothese" des Trainingsbogens 2, Abschnitte 2 und 11. Die Frage, ob ein Lernziel eindeutig formuliert sei, kann immer nur im Verhältnis zu einer Reihe vorliegender anderer Beispiele entschieden werden.
— *Zweite Annahme:* Beim Operationalisieren kann immer nur ein Teil der vielschichtigen Wirklichkeit, die eigentlich gemeint ist, sprachlich erfaßt werden. Deshalb wird in unserer Definition im einschränkenden Sinne von den „beobachtbaren Elementen" gesprochen (vgl. Trainingsbogen 1, Abschnitt 7).

Aus dieser zweiten Annahme folgt eine für die Beurteilung des Operationalisierungspostulats wesentliche These:

> **These A:** Wenn Lernziele operationalisiert werden sollen, muß ein Problemverlust in Kauf genommen werden.

Das Operationalisieren von Lernzielen stellt also ein *formales Verfahren* dar, bei dem beliebige abstrakte, d. h. vieldeutige Lernzielformulierungen solange im Blick auf mögliche Verhaltens- und Inhaltsaspekte *kleingearbeitet* werden, bis eine Formulierung vorliegt, die klar angibt, was beobachtet werden muß, wenn von Zielerreichung gesprochen werden soll. Bei diesem Kleinarbeiten tritt der Problemverlust ein.

3. Beispiel für das Kleinarbeiten eines Lernziels

Die Operationalisierung von Lernzielen im weiteren Sinne ist ein mühsames Geschäft, das Zeit, Fachkenntnisse und Verständigungsbereitschaft unter den Beteiligten voraussetzt. So hat man z. B. im Rahmen der Hessischen Curriculum-Revision für die Sekundarstufe I über ein Jahr darauf verwandt, das oberste Lernziel „Emanzipation" zu operationalisieren. Meiner Meinung nach handelt es sich dabei allerdings um einen Versuch am untauglichen Objekt (vgl. These E dieses Trainingsbogens).

Das folgende einfache Beispiel ist von einer Gruppe von sechs Lehrern in zwei Stunden erarbeitet worden. Zur Diskussion stand das Lernziel:

> „Lösung quadratischer Gleichungen"

Der Operationalisierungsversuch wurde in der Arbeitsgruppe in drei Schritten vorgenommen.

Erster Schritt: Die erste Zielformulierung wird zu einem genauer eingegrenzten *Grobziel* präzisiert:
  „Lösung einer gemischt-quadratischen Gleichung mit Hilfe einer binomischen Ergänzung."

Zweiter Schritt: Im zweiten Schritt wurde im Blick auf das Verhalten, das der Schüler zeigen soll, eine Ausdifferenzierung dieses Lernziels in *drei Teilaspekte* vorgenommen:
  1. „Der Schüler soll die Lösungsformel auf Gleichungen vom Typ $ax^2 + bx + c = 0$ *anwenden.*"
  2. „Der Schüler soll die Lösungsformel *herleiten* können und den zugehörigen Algorithmus *bezeichnen.*"
  3. „Der Schüler soll die quadratischen Aussageformen als Disjunktion linearer Aussageformen *interpretieren* können."

Dritter Schritt: Weitere Zergliederung der drei Teilaspekte in Feinziele. Die Aufgliederung des *ersten Teilaspekts* ergab:
  „Der Schüler soll:
  1. eine quadratische Gleichung als solche *erkennen* können;
  2. die Gleichung *normieren* können,
  3. die Diskriminante *bestimmen* können,
  4. mit Hilfe der Diskriminante die *Entscheidung* über die Anzahl der Elemente der Lösungsmenge *fällen* können,
  5. die Lösungsmenge *angeben* können."

Die *Diskussion* über die Kleinarbeitung dieses Lernziels ergab:
— Während des Operationalisierungs*prozesses* wird es immer wieder notwendig, das *Grobziel,* über das eigentlich zu Beginn der Arbeit bereits Einigung erzielt wurde, umzuformulieren, manchmal zu erweitern, öfter zu verengen und genauer zu fassen. Das Kleinarbeiten eines Grobziels führt also in den meisten Fällen auch zu einem Überdenken des Ziels selbst. Es handelt sich hier um eine *nicht ausgewiesene Funktion* des Operationalisierens.
— Es stellte sich die Frage, wann das Operationalisieren *abgebrochen* werden soll. Es hätte bei genügend verfügbarer Zeit kaum Schwierigkeiten bereitet, auch noch einen vierten oder fünften Schritt anzuschließen und zu immer feineren Verästelungen in der Beschreibung des gewünschten Schülerverhaltens zu gelangen. Die Abbruch-Entscheidung kann jedoch aufgrund der obigen Definition nicht getroffen werden. Sie ist abhängig von der Antwort auf die Frage, was man mit seinen operationalisierten Zielen *anfangen will!*
— Es stellte sich heraus, daß man das Operationalisieren bei ziemlich jedem Beispiel *in verschiedene Richtungen* vorantreiben kann. Je gleichartiger der Ausbildungsweg und die gegenwärtige schulische Situation der betroffenen Lehrer ist, um so schneller und problemloser kann in einer Arbeitsgruppe auch Übereinstimmung darüber erzielt werden, in welche Richtung operationalisiert werden soll; aus der *Definition* des Operationalisierens heraus läßt sich die Entscheidung über die Richtung wiederum nicht treffen.

Als Ergebnis dieser Diskussion kann jedoch festgehalten werden:

4.

> **These B: Das Operationalisieren von Lernzielen ist nicht ohne Diskussion und Training möglich.**

Training ist notwendig, weil es kein mathematisches oder logisches Verfahren gibt, um sprachliche Aussagen zu zergliedern. *Diskussion* ist notwendig, weil die Verständigung über den Sinn allgemeiner Zielformeln Voraussetzung zur Festlegung der Richtung ist, in die die Operationalisierung vorangetrieben werden soll.

Diese *Verständigung* kann aber nicht aufgrund irgendeiner Harmonie-Vorstellung in einer Curriculum-Kommission vorausgesetzt werden; sie muß vielmehr *hergestellt* werden. Gelingt dies nicht — was nicht ausgeschlossen werden darf –, so müssen die fehlende Übereinstimmung festgestellt und der Operationalisierungsversuch abgebrochen werden.

Das gleiche hat dann selbstverständlich auch für die Lehrer als „Abnehmer" eines operationalisierten oder teil-operationalisierten Curriculum zu gelten: Es wäre Augenwischerei und unzumutbar, die Übernahme und Anerkennung bestimmter Lernziele allein mit dem Hinweis abzuverlangen, daß sie doch von einem Team operationalisiert worden seien. *Ein operationalisiertes Lernziel ist genauso wertvoll oder genauso wertlos wie ein noch nicht operationalisiertes Ziel!*

5. Arbeitsauftrag

Sofern Sie diese Trainingsbogen *in einer Gruppe* durcharbeiten, sollten Sie sich ein Lernziel vornehmen und ähnlich wie im Abschnitt 3 einen Operationalisierungsversuch starten. Dafür müssen Sie wenigstens *zwei Zeitstunden* einplanen.

Es ist ebenso sinnvoll, diesen Arbeitsauftrag erst *nach* Durcharbeitung von Trainingsbogen 3 auszuführen. Sie können jedoch sicher sein, durch solche praktische Arbeit an einem Lernziel die Möglichkeiten und vor allem auch die Grenzen des Operationalisierens besser kennenzulernen als durch 10 Thesen und noch so lange Erläuterungen!

Vorschläge:

„Kurzschluß" (Sachunterricht; 4. Schuljahr)
„Einen Versuch durchführen und beschreiben, der zeigt, daß Schnee und Eis beim Erwärmen zu Wasser schmelzen" (Grundschule, 1. Schuljahr)
„Erkennen, daß die Mitglieder der täglichen Lebensgemeinschaft verschiedene ‚Rollen' tragen" (Grundschule, 2. Schuljahr)

(Selbstverständlich können Sie auch ein selbstgewähltes, möglichst aber nicht allzu komplexes Beispiel wählen.)

Eine *Schwierigkeit* sollten Sie schon jetzt beachten: Sie müssen für das Kleinarbeiten jedes Lernziels eine Reihe von *Annahmen über die Randbedingungen* (Alterslage der Schüler; vorher erfolgter Unterricht; Stellenwert des gewählten Lernziels in der Gesamt-Unterrichtseinheit, usw.) machen. Sie sollten möglichst wenig Zeit auf die Diskussion dieser Randbedingungen verwenden; damit kann man Tage zubringen! Entscheiden Sie lieber schnell und unbürokratisch, welche

Klassensituation Sie ansetzen wollen, um dann zur eigentlichen Frage zu kommen: Welche Verhaltensänderungen sollen durch das Lernziel ausgedrückt werden und wie können sie beobachtet werden?

6. Exkurs in die empirische Sozialforschung

In der empirischen Sozialforschung wird das, was in den letzten drei Abschnitten als „Operationalisierung im weitesten Sinne" beschrieben worden ist, eher unter dem Stichwort *Indikatorenbildung* diskutiert.

Renate Mayntz/Kurt Holm/Peter Hübner schreiben in ihrer „Einführung in die Methoden der empirischen Soziologie" (2. Aufl. Opladen 1971, S. 20):

> „Nehmen wir den Begriff der Integration (z. B. einer Gruppe). Man könnte ihn definieren als einen Zustand des bewußten, harmonischen und kooperativen Zusammenhalts. An welchen wahrnehmbaren Tatbeständen ließe sich das Vorliegen eines solchen Zustandes erkennen? Man könnte etwa ermitteln, wieweit die Gruppenmitglieder durch arbeitsteilige Kooperation auf gemeinsame Ziele hinarbeiten, wie oft innerhalb einer gewissen Zeitspanne Feindseligkeit in den Interaktionen zwischen Gruppenmitgliedern manifestiert wird und wie hoch der Anteil der Mitglieder ist, die ihre Mitgliedschaft in der Gruppe bejahen und ungern aufgeben würden. Diese Tatbestände können uns das Vorhandensein (und den Grad) von Integration *anzeigen*. Es sind *Indikatoren* für das gemeinte, unmittelbar nicht wahrnehmbare Phänomen."

Genau dieses Problem liegt vor, wenn z. B. eine Gruppe von Lehrern sich an einen Tisch setzt und ein Lernziel kleinarbeitet:
— Das Lernziel, das der Schüler erreichen soll, ist in sehr vielen Fällen zu vielschichtig, um unmittelbar beobachtet werden zu können (vgl. Trainingsbogen 1, Abschnitt 14).
— Deshalb wird die Frage, ob ein Schüler ein bestimmtes Lernziel erreicht hat, vom Lehrer an einer Reihe von Indikatoren überprüft, die *stellvertretend* für die komplexe, nicht unmittelbar beobachtbare Fähigkeit stehen.

7. Arbeitsauftrag

In vielen Hauptschul-Curricula wird für das Ende des 9. Schuljahrs das Thema *Berufswahlreife* angeschnitten. Versuchen Sie bitte, für das folgende Lernziel zwei oder drei *Indikatoren* zu finden:

> „Fähigkeit, die getroffene Berufswahl zu begründen"

Indikator 1: ....
....
....
....
....

Indikator 2: ....
....
....
....
....

Indikator 3: ....
....
....
....

8. Lernziel-Operationalisierung im engeren Sinne

Die folgerichtige Weiterführung der Indikatorenbildung besteht nun darin, nicht nur zu überprüfen, ob eine bestimmte Verhaltensänderung beim Schüler vorhanden ist, sondern auch zu fragen, *in welchem Ausmaß, mit welchem Grade,* wie *stark* oder wie *schwach* diese Verhaltensänderung eingetreten ist. Ein solcher Versuch, die Veränderung des Schülers *quantitativ* zu erfassen, wird in der Regel mit dem engeren Operationalisierungsbegriff bezeichnet.

Lesen Sie bitte noch einmal die Definition, die im Abschnitt 2 vorgeschlagen worden ist:

> *Lernziel-Operationalisierung im engeren Sinne:*
> = Angabe der Meßoperation, mit der ein beobachtbares Element einer gewünschten Veränderung des Schülerverhaltens erfaßt werden kann

Es sollen also genaue Anweisungen für *Operationen* gegeben werden, mit deren Hilfe der Lehrer entscheiden kann, ob und in welchem Ausmaße das im Lernziel bezeichnete Verhalten vorliegt oder nicht.

Welche Meßoperationen kommen dabei in Frage? — Grundsätzlich alle in der empirischen Sozial- und Unterrichtsforschung entwickelten Methoden der Messung von Schülerleistungen:

- einfaches Auszählen der richtigen und der falschen Antworten auf einem Mehrfach-Antwortbogen
- Testarbeiten
- Beobachten der Verhaltensänderung während des Unterrichtsprozesses
- usw.
- usw.

9. Übungsaufgabe

Die folgende Lernziel-Liste ist ein Auszug aus einem umfangreicheren Katalog. Der Verfasser dieses Lernziel-Katalogs schreibt im Vorspann, daß es sich um operationalisierte Lernziele handelt.

Überprüfen Sie bitte anhand der Definitionen aus Abschnitt 2, worum es sich handelt:

---

a) Fähigkeit, die zur Analyse einer Situation (allgemeine Situation/Individuallage) notwendigen Informationen zu erkennen, zu beschaffen und auf ihre Brauchbarkeit hin zu prüfen.
b) Fähigkeit, Manipulationsmechanismen zu erkennen, ihre Wirkung und Herkunft zu durchschauen und sich ihnen zu entziehen.
c) Fähigkeit, andere angemessen (situationsbezogen) zu beurteilen, und in Freiheit zu ihnen Beziehungen herzustellen.
d) Fähigkeit, anderen Mündigkeit zuzugestehen.
e) Fähigkeit, andere als gleichberechtigt zu erkennen und anzuerkennen.

Fundort: Kurt Gerhard Fischer: Emanzipation als Lernziel der Schule von morgen, in: informationen zum religions-unterricht, H. 3/4 (1970), S. 10.

Es handelt sich um:

☐ Operationalisierung im *weiteren* Sinne
☐ Operationalisierung im *engeren* Sinne
☐ Operationalisierung liegt noch *nicht* vor.

10. „Abstammungslehre"

Wissenschaftshistorisch läßt sich der Begriff des Operationalisierens auf die naturwissenschaftliche Schule des *Operationalismus* zurückführen. Ausgangspunkt des Operationalismus ist die Behauptung, daß nur solche Aussagen, Begriffe und Problemfassungen in wissenschaftliche Aussagenzusammenhänge aufgenommen werden dürfen, die auf *wiederholbare und meßbare Operationen* zurückgeführt werden können. Der Operationalismus verweigert Aussagen über „Dinge"; er gibt dagegen Auskünfte über Operationen:

> Der Inhalt eines Begriffs ist identisch mit der Menge angebbarer Meßoperationen.

Dem Operationalismus liegt ein undialektisches, an technischer Verfügung orientiertes Erkenntnisinteresse zugrunde. Es ist deshalb kein Wunder, daß im Schlagwort des Lernziel-Operationalisierens der Behaviorismus und der Operationalismus eine sehr dauerhafte Zweckehe eingehen konnten.

Zwischenfrage:
„Sagen Sie, Herr Meyer, was heißt eigentlich Operationalisieren? Kommt das von *opus* und *ratio*?"
Antwort: s. o.
(opus = lat. Werk; ratio = lat. Vernunft)

---

11. Warnung vor Mißverständnissen

Gerade weil es sich um ein *formales Verfahren* handelt, bei dem lediglich gefordert wird, beobachtbare und meßbare gewünschte Verhaltensänderungen zu beschreiben, darf das Operationalisieren auf keinen Fall überinterpretiert werden. *Welche* der zahlreichen Operationalisierungen einer abstrakten Zielformel die „beste" ist, kann mit Hilfe des Operationalisierungsbegriffs nicht bestimmt werden:
— Wir haben eine Zielformel.
— Mehrere Operationalisierungen dieser Formel sind möglich.
— Aber nicht alle möglichen Operationalisierungen sind wünschenswert!
 Andernfalls erläge man dem verhängnisvollen Irrtum, daß *nur das* und *alles das* schon ein wünschenswertes Lernziel sei, was operationalisiert werden kann.

> These C: Die Richtung, in der Lernziele operationalisiert werden, kann auf der Grundlage des Operationalisierungspostulats nicht bestimmt werden.

Das Operationalisieren ist und bleibt also — trotz der Wahl eines so „technisch" klingenden Wortes — eine Frage der *Hermeneutik*. Die Richtung des Operationalisierens ist vom *Vorverständnis* des Operationalisierers abhängig. Das Operationalisieren liefert nur einen formalen Zwang, dieses Vorverständnis aufzudecken. Die Richtung des Operationalisierens muß aber mit zusätzlichen *inhaltlichen*, nicht nur *formalen Kriterien* gerechtfertigt werden.

Können Feinziele aus den Grobzielen durch Operationalisierung „abgeleitet" werden?
Oft genug liest man in neueren Curricula, daß die Feinziele aus den Grobzielen durch Operationalisierung abgeleitet werden könnten.
  Beispiel:

> „Feinziele ... sind nicht Gegenstand des Lehrplans. Vielmehr müssen sie aus den Groblernzielen *abgeleitet* und von dem einzelnen Lehrer oder dem Lehrerteam zu Unterrichtseinheiten verarbeitet werden." (Rahmenlehrpläne für die beruflichen Schulen des Landes Hessen, 1972, S. 15)

Ein solcher Sprachgebrauch ist zumindest irreführend. Denn selbstverständlich handelt es sich beim Operationalisieren nicht um ein logisches oder mathematisches oder irgend anders kalkülisierbares Verfahren.

> Das Operationalisieren von Lernzielen darf nicht mit dem logischen Ableiten von Lernzielen verwechselt werden.

Denn ein Ableiten im strengen Sinne ist nicht mehr als das „logische Ausmelken" irgendwelcher Prämissen. Beim Ableiten kommen keinerlei inhaltliche Aussagen zusätzlich hinzu. Beim Operationalisieren von Lernzielen wird jedoch immer eine ganze Reihe von Zusatzentscheidungen zu treffen sein (vgl. Hilbert Meyer: Einführung in die Curriculum-Methodologie, München 1972).

12. Können alle Lernziele operationalisiert werden?

In Diskussionen über das Operationalisierungspostulat ist diese Frage immer wieder die entscheidende. Die folgende Liste enthält *fünf typische Antworten* auf diese Frage, die nur den Schönheitsfehler haben, *miteinander unvereinbar* zu sein.

1. *Alle Lernziele* können operationalisiert werden! Alles, was nicht operationalisierbar ist, bildet auch kein durch schulischen Unterricht vermittelbares Lernziel.

2. Lernziel-Operationalisierung ist nur *in denjenigen Fächern* möglich, die *mit quantifizierenden Methoden* arbeiten, also z. B. in Mathematik, in Naturwissenschaften und Technologien. In den Fächern, die mit hermeneutischen Methoden arbeiten, also Deutsch, Geschichte oder Religion, können die Lernziele nicht operationalisiert werden.

3. *Nur* relativ einfache, *niedrige Lernziele*, die auf Wissenserwerb zielen, können operationalisiert werden; solche Ziele gibt es in *allen* Fächern, wenn auch wohl in unterschiedlicher Menge!

4. *Nur kognitive Lernziele* können operationalisiert werden. Die sogenannten affektiven und psychomotorischen Lernziele sind nicht zu operationalisieren! (Wenn Sie dieser Antwort zuneigen, können Sie zum Trainingsbogen 4 vorblättern und dort die Definitionen für „kognitiv", „affektiv" und „psychomotorisch" nachlesen.)

5. Nur solche Lernziele können operationalisiert werden, die ein *steuerbares* und jederzeit abrufbares *Verhalten* zum Gegenstand haben. Nicht operationalisierbar sind dagegen alle die Ziele, die ein selbständiges und selbstverantwortetes Handeln des Schülers zum Gegenstand haben.

Notieren Sie bitte, welche der fünf Antworten Ihrer Meinung am ehesten entspricht und versuchen Sie, Ihre Entscheidung zu begründen:

Richtig ist Antwort Nr. . . . . . , und zwar aus folgenden Gründen:

. . . .
. . . .
. . . .
. . . .
. . . .

(Die Frage, ob alle Lernziele operationalisiert werden können, wird im Abschnitt 17 wieder aufgenommen!)

13. Kriterien der Lernziel-Operationalisierung nach Robert F. Mager

Die Diskussion über Für und Wider des Operationalisierens wird in der Bundesrepublik maßgeblich von dem schmalen, im Blick auf seinen theoretischen Gehalt sehr *mageren* Band von *Robert Mager* „Lernziele und Programmierter Unterricht" (Weinheim, zur Zeit 13. oder 14. Auflage) bestimmt. Nach Mager ist ein Lernziel dann operationalisiert, wenn es die folgenden *drei Kriterien* erfüllt:

> 1. Es müssen *beobachtbare Verhaltensweisen* des Schülers beschrieben werden, die dieser nach Ablauf des Unterrichts beherrschen soll (z. B. aufschreiben, logarithmieren, ablesen, usw.).
>
> 2. Es müssen die *Bedingungen* genannt werden, unter denen das Verhalten des Schülers geändert werden soll (z. B. die zugestandene Lern-Zeit; die erlaubten oder verbotenen Hilfsmittel; die zugelassene Zusammenarbeit mit anderen Schülern, usw.).
>
> 3. Es muß ein *Bewertungsmaßstab* angegeben werden, nach dem entschieden werden kann, ob und in welchem Ausmaß der Schüler das Ziel erreicht hat (z. B. die Angabe, wieviele Aufgaben aus der Gesamtmenge richtig gelöst sein müssen).

Beispiel: Das folgende Beispiel stammt von Robert Mager selbst (S. 33).

> „Der Schüler muß zeigen können, daß er eine auf französisch gestellte Frage verstanden hat, indem er auf französisch mit einem sinnvollen Satz antwortet."

Überprüfen Sie bitte kurz, ob die drei Kriterien erfüllt sind:

— Bezug auf beobachtbare Verhaltensweise   ja / nein

— Angabe der Bedingungen   ja / nein

— Angabe des Bewertungsmaßstabes   ja / nein

14. Charakterisierung der Magerschen Kriterien

Die drei Kriterien, die Mager für ein operationalisiertes Lernziel angibt, decken sich weder mit unserer weiten noch mit unserer engen Fassung des Operationalisierungsbegriffs aus Abschnitt 2 vollständig:
— Das zentrale Kriterium der *Beobachtbarkeit* der angestrebten Verhaltensveränderungen ist selbstverständlich identisch.
— Die Angabe der *Bedingungen,* unter denen die Verhaltensänderung vollzogen werden soll, ist jedoch beim weiten Operationalisierungsbegriff nicht verlangt; beim engen Begriff dürfte sie allerdings oft genug *indirekt* mitdefiniert sein.
— Die Angabe des *Bewertungsmaßstabes* im dritten Magerschen Kriterium rückt seinen Operationalisierungsbegriff in die Nähe unserer engen Fassung, weist jedoch im Gehalt noch darüber hinaus. Wenn angegeben werden muß, *wann* ein Verhalten als sehr gut, gut oder schlecht zu bezeichnen ist, so muß diese Festlegung entweder willkürlich getroffen werden, oder es muß ein inhaltlich zu recht-

fertigendes Leistungskriterium angesetzt werden. Im Operationalisierungsbegriff selbst ist kein solches Kriterium enthalten! Eher muß Robert Mager vorgeworfen werden, de facto so etwas wie einen *Gutschein auf Beliebigkeit* ausgestellt zu haben: Er nimmt die Entscheidung über den Bewertungsmaßstab in die Zielanalyse auf, ohne Gesichtspunkte zur Festlegung dieses Bewertungsmaßstabs zu nennen.

Deshalb muß deutlich angemerkt werden, daß Robert Mager *nur das erste* seiner drei Operationalisierungs-*Kriterien* auf der Grundlage seines behavioristischen Ansatzes *theoretisch rechtfertigen kann*.

15. Übungsaufgabe

Kreuzen Sie bitte in der folgenden Lernziel-Liste diejenigen an, die Ihrer Meinung nach den drei Kriterien von Mager genügen!

Lernziele	Nr.
Stärkungsmittel, Desinfektionsmittel, Badezusätze, Gifte, Pflanzenschutzmittel und technische Chemikalien definieren und aufzählen (Hessischer Rahmenlehrplan, Apothekenhelferin)	1
10 vorgegebenen Geschäftsbriefen ohne Anrede von den 10 vorgegebenen Anredeformen mindestens 8 richtig zuordnen können (Möller, Technik der Lernplanung, Weinheim, 3. Aufl. 1971, S. 80)	2
Im Biologieunterricht sollen die Schüler lernen, Lebenserscheinungen objektiv zu sehen, kritisch und vorurteilsfrei zu deuten und in ein kausales Beziehungsgefüge einzuordnen. Dabei sollte die Bedeutung jeglicher biologischer Erkenntnis für das Selbstverständnis des Menschen im Mittelpunkt stehen. (Heft 14 zur KMK-Oberstufenreform: Biologie, S. 10)	3
Der Schüler soll ohne weitere Hilfsmittel in fünfzehnminütigem Vortrag beurteilen können, ob Alexander der Große nach den verfügbaren Informationen seinen Kriegszug als Rachefeldzug, zur Befriedigung persönlichen Ehrgeizes, in Verfolgung einer kulturellen Mission betrieben hat bzw. ob sich „Brüche" in der Selbstinterpretation zeigen. (Nach Messner, Funktionen der Taxonomien für die Planung von Unterricht, in: Zeitschr. f. Päd., 1970, S. 775)	4
Der Schüler soll in der Lage sein, erfolgreich an Basketball-Wettkämpfen teilzunehmen und Spiele selbständig zu leiten. Dazu gehören neben Technik und Kondition die Einsicht in taktische Verhaltensweisen, in die Bedeutung des mannschaftsdienlichen Spiels und in moderne Spielsysteme. (Heft 16 zur KMK-Oberstufenreform: Sport, S. 15)	5

16. Hinweise zur Kritik der Magerschen Operationalisierungs-Kriterien

Eine Kritik an Magers Operationalisierungs-Kriterien ist dringend geboten: Einmal wegen systematischer Fehler, die aus Magers Verständnis von Didaktik erwachsen; zum anderen wegen der zum Teil schon wieder dogmatisierten Übernahme des Magerschen Ansatzes in der BRD. Man wird in Einzelfällen den Verdacht nicht los, daß Magers schmales Bändchen eher zu einem *Disziplinierungsmittel* für Lehramtsanwärter und Referendare geworden ist.

Mager selbst hat die Reichweite seiner Aussagen eingegrenzt: Der Titel des Buches besagt, daß er die Lernziel-Operationalisierung im Blick auf *programmierten* Unterricht durchdenken will, nicht auf Unterricht schlechthin.

Eine zweite, klare und höchst wichtige Einschränkung macht Mager zum Abschluß seiner „Einleitung" (Seite XXII):

> „Dieses Buch beschäftigt sich nicht mit der Frage, welche Lernziele erstrebenswert oder gut sind. Es beschäftigt sich nur mit der Form einer brauchbaren Beschreibung von Lernzielen, und nicht mit ihrer Auswahl. Der Zweck dieses Buches ist darauf beschränkt, dem Programmierer zu helfen, die von ihm ausgewählten erzieherischen Ziele genau zu bestimmen und mitzuteilen."

Als übertrieben, wenn nicht naiv muß Magers *Motivations-Optimismus* bezeichnet werden, wenn er schreibt (a. a. O., S. 53):

> „Wenn Sie jedem Lernenden eine Ausfertigung Ihrer Lernzielbeschreibung geben, werden Sie selbst nicht mehr viel zu tun haben."

Das meines Erachtens wichtigste Argument gegen die Bestimmung der drei Kriterien von Mager besteht darin, daß er *die Verschränkung* der Lernziel-/Lerninhaltsentscheidungen auf der einen Seite und der Lernorganisations- und Methodenentscheidungen auf der anderen Seite *überspielt!*

Mager fordert im zweiten und im dritten Kriterium die Angabe der Lernbedingungen und des Bewertungsmaßstabes. Damit werden aber unter dem Stichwort Lern*ziel*-Operationalisierung de facto eine Reihe von methodischen und organisatorischen Vorentscheidungen *undiskutiert* getroffen; wenn jedoch die Hilfsmittel, die Unterrichtsmaterialien, die Notengebung usw. bereits in der Zieldefinition inbegriffen sind, so wird auch der Freiheitsspielraum des Lehrers in der Organisation seines Unterrichts eingegrenzt. Je präziser die drei Kriterien von

Mager erfüllt worden sind (was nebenbei gesagt für Richtlinien gar nicht möglich ist, sondern allenfalls für die direkte Unterrichtsvorbereitung gefordert werden kann), um so mehr Inhalts-, Methoden- und Organisationsentscheidungen des Lehrers sind unter der Hand mitgetroffen.

> Robert Mager behauptet, Lern*ziele* zu operationalisieren; in Wirklichkeit leistet er eine Teil-Operationalisierung von Ziel-, Inhalts-, Methoden- und Kontrollentscheidungen.

Eine solche Teil-Operationalisierung fördert aber eher eine Irrationalisierung als eine Rationalisierung der Unterrichtspraxis, und zwar deshalb, weil die Inhalts-, Methoden- und Kontrollentscheidungen *aus einem eigenen Begründungszusammenhang* heraus getroffen werden müssen.

Implikationszusammenhang von Ziel-, Inhalts- und Methodenentscheidungen

In der neueren Didaktik wird dieses Problem unter dem Stichwort des *Implikationszusammenhangs von Lernziel-, Lerninhalts- und Lernorganisationsentscheidungen* diskutiert (vgl. Herwig Blankertz: Theorien und Modelle der Didaktik, 7. Aufl. München 1973, S. 94 ff.). Damit wird zunächst nur gesagt, daß die Entscheidungen des Lehrers im Ziel- und Inhaltsbereich diejenigen im Bereich der Methoden und Medien mitbedingen und umgekehrt.

Beispiel: Das folgende Lernziel wird für den Sachunterricht im zweiten Schuljahr der Grundschulen in Nordrhein-Westfalen vorgeschlagen:
Zielentscheidung: „Erkennen, daß die Mitglieder der täglichen Lebensgemeinschaft verschiedene ‚Rollen' tragen."
Nehmen wir nun an, der Lehrer entscheide sich, was relativ naheliegt, als Unterrichtsmethode das Rollenspiel einzusetzen:
Methodenentscheidung: „Rollenspiel".
Das in der Klasse durchgeführte Rollenspiel hat nun aber Rückwirkungen auf die Zielentscheidung des Lehrers. Er stellt z. B. fest, daß die Schüler während des Spiels miteinander in Streit geraten sind, ob denn der Klaus „gut" gespielt hat (sprich: ob er *so* gespielt hat, wie es die in der Klasse tonangebenden Jungen und Mädchen im Blick auf ihre Väter erwartet hatten). Der Lehrer kann nun gar nicht umhin, ein zweites Lernziel ungefähr der folgenden Art zu formulieren:
Zielentscheidung: „Erkennen und tolerieren, daß die Mitglieder-

Rollen der täglichen Lebensgemeinschaft von Elternhaus zu Elternhaus unterschiedlich sind und auch unterschiedlich bewertet werden."

Eine Methodenentscheidung hat in unserem Beispiel eine bestimmte Interpretation der ersten Zielentscheidung und die Ausweitung auf die zweite Zielentscheidung *impliziert*.

Zurück zu Robert Mager: Wenn die These vom Implikationszusammenhang zutrifft — und nach bestem didaktischen Wissen besteht gegenwärtig kein Grund, das Gegenteil anzunehmen —, so ist *Magers Mini-Didaktik unhaltbar:* Indirekt bestätigt er zwar durch seine Grenzüberschreitungen in den Bereich der Methodik die Richtigkeit der These vom Implikationszusammenhang. Nur gibt es bei Mager keine Möglichkeiten, diese Probleme theoretisch aufzuarbeiten. Sein einziges Angebot ist, wie gesagt, der Gutschein auf Beliebigkeit.

Erklären läßt sich dieses theoretische Defizit sehr leicht: Weil sich Mager nur auf programmierten Unterricht bezieht, braucht er Methodenprobleme nicht mehr zu diskutieren; denn die Entscheidung für programmierten Unterricht ist zugleich die Monopolisierung einer bestimmten Unterrichtsmethode.

Die Folgen dieses theoretischen Defizits sind dagegen sehr bedenklich. Magers Ansatz hat eine Beschneidung des Entscheidungsspielraums der Lehrer oder aber eine Auslieferung an Beliebigkeit zur Folge — beides wenig einladende Alternativen.

17. Die Grenzen des Operationalisierens

Wo liegen die Grenzen der Operationalisierbarkeit von Lernzielen?

> **These D: Die Forderung, Lernziele zu operationalisieren, unterstellt die Manipulierbarkeit des Schülers.**

Diese Konsequenz folgt aus der Definition des Operationalisierungsbegriffs: Wenn durch die Operationalisierung Verhaltensänderungen geplant und meßbar gemacht werden sollen, wenn also das behavioristische Reiz/Reaktionsschema zugrunde gelegt wird, so wird auch dort, wo dies nicht ausdrücklich vermerkt worden ist, davon ausgegangen, daß durch einen bestimmten input ein bestimmter output mit einer bestimmten Wahrscheinlichkeit produziert werden kann. Daraus folgt meines Erachtens zwingend die These E:

> **These E:** Lernziele, die ein autonomes Verhalten des Schülers zum Gegenstand haben, können nicht operationalisiert werden.

Beispiel: Alle Lernziele, die die *Emanzipation* des Schülers zum Gegenstand haben, formulieren ja gerade den Wunsch nach Nicht-Manipulierbarkeit. Es ist ein Widerspruch in sich, Emanzipation durch Manipulation herbeiführen zu wollen. (Vgl. Lutz Koch: Ist Mündigkeit operationalisierbar?, in: Pädagogische Rundschau, Jg. 26 [1972], Heft 6, S. 486–493)

18. Interessen-Allianz von Grundlagenforschung, Unterrichtstechnologie und privat-kapitalistischer Verwertung?

Befragt man Praktiker und Theoretiker des lernzielorientierten Unterrichts auf die Grenzen dieses Ansatzes, so erhält man freilich andere Antworten als die in Abschnitt 17 formulierte! Nicht nur die Lehrmittelindustrie kann besser auf der Grundlage operationalisierter Curricula teure Medienpakete herstellen. Auch die späteren Abnehmer der an operationalisierten Curricula ausgebildeten Schüler erhalten ein scharfes Kontrollinstrument, mit dem die Effektivität der lokalen Schulen exakt festzustellen ist.

> **These F:** Die Operationalisierung von Lernzielen schafft die Voraussetzung zur Technologisierung des Unterrichts.

Es könnte eingewandt werden, daß die in diesem Trainingsbogen enthaltenen Polemiken gegen operationalisierte Lernziele angesichts des dürftigen Standes der Curriculum-Entwicklung an den Haaren herbeigezogen seien. Für die BRD mag das stimmen. Es gibt hier noch kaum Curricula oder auch nur Teilcurricula, die durchoperationalisiert sind. Zumindest in den USA zeichnet sich jedoch eine Allianz von Wissenschaftlern, Unterrichtstechnologen, Lehrmittelindustrien und Abnehmern ab, die alle Behauptungen Lügen straft, daß durch lernzielorientierten Unterricht die Freiheitsspielräume von Lehrern und Schülern vergrößert oder auch nur gewahrt werden könnten (vgl. auch Trainingsbogen 1, Abschnitt 11):

1. *Konventionalstrafen der Lehrmittelfirmen, wenn die* versprochenen *Lernziele* von den Schülern *nicht erreicht werden!*

   „Mehrere Firmen (IBM, McGraw-Hill und RCA) haben sich verpflichtet, durch den Einsatz von didaktischen Medien in einer festgesetzten Zeit in sechs Junior High Schools und sechs High Schools alle Schüler, die mangelnde Leistungen aufweisen, auf den durchschnittlichen Leistungsstand zu bringen. Gelingt dies in der vertraglich bestimmten Zeit nicht, so müssen die Firmen eine Geldstrafe bezahlen." (Gottfried Kleinschmidt: Aufhebung des staatlichen Bildungsmonopols durch Leistungskonkurrenz — Chance und Gefahr, in: Adolf Witte (Hrsg.): Vom programmierten Unterricht zur Lernorganisation, Köln-Braunsfeld 1971, S. 102)

2. *Besoldung der Lehrer nach dem output an Verhaltensänderungen bei den Schülern!* Leon M. Lessinger vertritt in einem Aufsatz von 1969 die folgende Meinung (zitiert nach Kleinschmidt, a. a. O., S. 104/105):

„In zehn Jahren werden bei einer progressiven und kontinuierlichen Weiterentwicklung der heutigen Ansätze die Meßverfahren zur Bestimmung des Leistungsstandes in allen didaktischen Bereichen so weit objektiviert und verfeinert sein, daß man generell die Gehälter der Lehrenden am Leistungsniveau der Lernenden orientiert. Das Gehalt richtet sich dann nach dem output und zwar unabhängig vom jeweiligen input."

3. Der Leiter der Ausbildungsabteilung der Karstadt-Hauptverwaltung in Essen, Otto Hennemuth, sagt in einem Interview über die Erfahrungen seines Konzerns mit der *programmierten Schulung* von 50000 Angestellten:

„Während wir anfangs meinten, daß sich nur ganz bestimmte sachliche Teilgebiete programmieren lassen, können wir heute sagen, daß der programmierten Schulung kaum Grenzen gesetzt sind. Das deckt sich mit den Feststellungen in Amerika, wo auf diese Weise sogar Verhaltensweisen und freundliches Benehmen gelehrt werden. Allerdings würden wir es für gefährlich halten, solche Programme auch einzusetzen, um bestimmte Redewendungen einzurichten. Denn kein Kunde empfindet es als angenehm, wenn er in sämtlichen Abteilungen immer wieder mit den gleichen Formulierungen konfrontiert würde. Hier liegt also eindeutig die Grenze der programmierten Schulung ... Vor allem ist der Lernerfolg völlig von der Mentalität des jeweiligen Teilnehmers unabhängig. Außerdem haben wir immer eine Kontrolle über den erzielten Lehrerfolg. So wissen wir jetzt jederzeit, ob ein neueingestellter Mitarbeiter hundertprozentig für den Verkauf fit ist." (Aus: Inform — Zeitschrift für Programmierte Instruktion, Heft 1/1970, S. 30 u. 31)

Alle drei zitierten Beispiele für Unterrichts- und Schulungsprojekte *setzen die Operationalisierung von Lernzielen voraus.* Die Frage, ob

IBM Konventionalstrafen zu zahlen habe oder nicht, kann nur entschieden werden, wenn alle Lernziele peinlich genau operationalisiert worden sind.

Prognose: Eine im großen Stile durchgeführte Operationalisierung der Lernziele der allgemeinbildenden und beruflichen Schulen in der BRD würde mit großer Wahrscheinlichkeit ähnliche Entwicklungstendenzen hervorrufen, wie sie in den USA bereits beobachtet werden können.

19. Wann und wo soll operationalisiert werden?

Die Beantwortung dieser Frage kann nicht mehr Gegenstand dieses Trainingsprogramms sein. Sie muß sich aus den konkreten *Arbeitsbedingungen der Curriculum-Kommissionen* und der mit den Curricula arbeitenden *Lehrer* ergeben. Eins kann aber schon gesagt werden: Die Entscheidung, bestimmte Lernzielreihen zu operationalisieren, darf nicht den allerersten Schritt der Arbeit einer Curriculum-Kommission bilden, und zwar deshalb nicht, weil die Entscheidungskriterien dann noch offen sein dürften. Als *erstes* muß die Diskussion der *Auswahlkriterien* für Lernziele zu einem vorläufigen Abschluß gebracht werden; als *zweites* müssen die Ziele und Inhalte mit Hilfe der Kriterien ausgewählt werden; erst im *dritten* Schritt kann dann entschieden werden, *welche Teile* eines Curriculums *in operationalisierter Form* erlassen werden sollen.

> Die Entscheidung über die Auswahlkriterien für Lernziele und Lerninhalte ist der Entscheidung über das Ausmaß an vorzunehmenden Operationalisierungen zeitlich und systematisch vorzuordnen.

Eine Operationalisierung von Curricula im Sinne der drei Kriterien von Robert Mager scheint mir dabei in keinem Falle sinnvoll zu sein; eine Operationalisierung im Sinne des weiten Operationalisierungsbegriffs aus Abschnitt 2 ist demgegenüber nicht auszuschließen.

Für die unmittelbare Unterrichtsvorbereitung dürfte eine Lernziel-Operationalisierung im weiteren Sinne häufig angebracht sein; eine Operationalisierung im engeren Sinne dagegen nur ab und an (und zwar dort, wo Leistungskontrolle in diagnostischer oder prognostischer Absicht notwendig wird).

Die falsche Frage:
Neu zusammengesetzte Curriculum-Kommissionen stellen sich oft die Frage:

> „Sollen erst die Lernziele und dann die Lerninhalte bestimmt werden oder umgekehrt?"

Diese Frage ist falsch gestellt! Erst müssen die *Kriterien* der Lernzielauswahl diskutiert und festgestellt werden. Danach ist eine gemeinsame Bestimmung von Lernzielen und Lerninhalten möglich!

Die falsche Praxis:
Neu zusammengesetzte Curriculum-Kommissionen beginnen ihre Arbeit oft mit einem Lehrplan-Vergleich. Sie vergleichen, was in den entsprechenden Curricula von Bayern bis Bremen an Lernziel-Katalogen vorgeschlagen wird. Dieses Verfahren birgt die Gefahr, nur noch zu einem *Allerleirauh-Curriculum* zu kommen. Es besteht dann nur noch aus Versatzstücken und zwei, drei eigenen Akzenten.

Die falsche Definition:
Manche Bildungspolitiker und Curriculumpraktiker meinen, daß heutzutage überhaupt nur noch operationalisierte Curricula „wissenschaftlich angemessen" seien. So liest man in dem Juni 1973 verabschiedeten *„Bildungsplan":*

> „Unter Curriculum wird ein System für den Vollzug von Lernvorgängen im Unterricht in bezug auf definierte und *operationalisierte* Lernziele verstanden." (Bildungsgesamtplan, hrsg. von der Bund-Länder-Kommission für Bildungsplanung, Stuttgart 1973, Bd. I, S. 72)

Ob es sich hier um fehlenden Sachverstand oder um eine absichtliche Fixierung handelt, bleibe dahingestellt.

20. Zusammenfassung

Das Operationalisieren leistet:
1. eine schnelle *Verständigung* über die Ziele eines Curriculum
2. eine leichtere *Kontrolle* des Unterrichtserfolgs
3. einen formalen Zwang zur *Präzisierung* der eigenen Zielvorstellungen
4. eine *Erleichterung der Arbeit* von Lehrbuchautoren und Lehrmittelindustrie

5. *keinen Ersatz für das Ableiten* von Lernzielen, dessen gesonderte Problematik in diesem Bogen kaum besprochen worden ist
6. *keine Legitimation* für die Auswahl bestimmter Lernziele; diese Legitimation kann m. E. nur durch fachdidaktisch zu diskutierende Kriteriensätze erfolgen (vgl. Trainingsbogen 6, Thesen C und D)

Das Operationalisieren birgt die Gefahr:
7. einer unkontrollierten *Technologisierung* des Unterrichts „durch die Hintertür";
8. einer überflüssigen *Einschränkung* des Entscheidungsfreiraums der Lehrer,
9. einer *Vernachlässigung* emanzipationsfördernder Lernziele.

Anhang: Auflösung der Übungsaufgaben

Auflösung zum Abschnitt 7 (Arbeitsauftrag)

Denkmögliche Indikatoren sind z. B.:
- Fähigkeit, einen charakteristischen Arbeitsgang des gewählten Berufs zu beschreiben,
- einen Hinweis auf Fortbildungseinrichtungen in der gewählten Berufssparte geben,
- eine Einschätzung möglicher Aufstiegschancen und eine (zumindest ungefähre) Angabe der dazu notwendigen weiteren Qualifizierung im gewählten Berufsfeld geben,
- eine eigene Qualifikation nennen können, die für den gewählten Beruf besonders geeignet ist.

Auflösung zu Abschnitt 9 (Übungsaufgabe)

Operationalisierungen liegen m. E. in allen fünf Lernzielen *noch nicht vor!* Allenfalls bei den Lernzielen a) und b) läßt sich dunkel erahnen, an welches beobachtbare Verhalten der Autor gedacht hat.

Auflösung zu Abschnitt 12 (Können alle Lernziele operationalisiert werden?)

Antwort 1: Diese These ist m. E. nicht richtig. Schon deshalb, weil hier der gegenwärtige wissenschaftliche Wissensstand zum Maßstab für zulässige und unzulässige Lernziele gemacht wird.

Antwort 2: Diese Antwort ist ebenfalls *nicht richtig*. Denn es gibt in jedem Fach *auch* einfache Wissensziele, einfache Drill-Aufgaben, die ohne weiteres operationalisiert werden können. Zu fragen ist jedoch, ob es in bestimmten Fächern einen *größeren* Anteil nicht-operationalisierbarer Ziele gibt als in anderen oder ob er überall gleich groß ist.

Antwort 3: Diese Antwort halte ich für „*fast*" richtig: Es trifft auf jeden Fall zu, daß die niedrigen Lernziele verhältnismäßig leicht operationalisiert werden können (zumindest in der sogenannten kognitiven Lernzieldimension); daraus zu schließen, daß die sehr komplexen überhaupt nicht operationalisiert werden können, wäre jedoch übertrieben. Wohl muß aber berücksichtigt werden, daß komplexe Ziele nie ohne Problemverlust zu operationalisieren sind.

Antwort 4: Diese Antwort ist *nicht richtig*, auch wenn sie einer weit verbreiteten Meinung entspricht. Auch wenn zugestanden werden muß, daß die Operationalisierung affektiver Ziele zur Zeit sehr viel mehr Schwierigkeiten bereitet als die der kognitiven Ziele, so ist die Operationalisierung affektiver Ziele ohne Zweifel grundsätzlich möglich (vgl. Trainingsbogen 5)!

Antwort 5: Diese Antwort ist m. E. die einzige, die in vollem Umfange zutrifft (vgl. Abschnitt 17).

Auflösung zu Abschnitt 13 (Kriterien der Lernziel-Operationalisierung nach Robert Mager)

Allen drei Kriterien wird in dem Beispiel entsprochen. Das Verhalten des Schülers ist einwandfrei *beobachtbar*. Die *Bedingungen* sind genannt: Der Schüler muß mündlich sprechen, und zwar auf französisch. Der *Bewertungsmaßstab* ist angegeben, wenn auch ein wenig ungenau: Der Schüler muß mit einem „sinnvollen Satz" auf französisch antworten; was ein „sinnvoller Satz" sei, müßte m. E. noch präziser definiert werden.

Auflösung zu Abschnitt 15 (Übungsaufgabe)

Lernziel Nr. 1: nur das erste Kriterium ist erfüllt; entspricht also nicht Magers Kriterien
Lernziel Nr. 2: entspricht den Kriterien
Lernziel Nr. 3: Wenn überhaupt, so ist nur das erste Kriterium erfüllt.
Lernziel Nr. 4: entspricht nicht den Bedingungen; zwar wird dem ersten und dem zweiten Kriterium entsprochen — auch der negative Hinweis „ohne weitere Hilfsmittel" ist selbstverständlich eine Angabe von Bedingungen. Das dritte Kriterium ist jedoch nicht berücksichtigt.
Lernziel Nr. 5: entspricht nur bedingt den Bedingungen, weil der Bewertungsmaßstab noch zu ungenau ist („erfolgreich am Spiel teilnehmen").

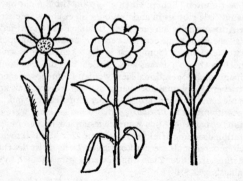

Trainingsbogen 4

Lernziel-Dimensionierung

In neueren Lehrplanentwürfen ist eine Dreiteilung der Lernziele in eine *kognitive*, eine *affektive* und eine *psychomotorische Dimension* häufig zu beobachten. Diese Dreiteilung, in der alte Traditionen der europäischen Pädagogik aufgenommen werden, stammt aus der Lernzieltaxonomie von Benjamin Bloom und Mitarbeitern, die in den 50er und 60er Jahren in den USA entwickelt worden ist.

Dieser Trainingsbogen soll Ihnen erläutern
— was mit diesen drei Begriffen gemeint ist
— und welches Verhältnis zwischen den Lernzielformulierungen aus diesen drei Dimensionen besteht.

Auf Grund dieser Erläuterungen sollten Sie in der Lage sein, abzuschätzen, ob diese Dreiteilung für Ihre eigene Curriculumarbeit brauchbar sein kann oder nicht.

1. Vorbemerkung

Im Jahre 1956 veröffentlichte Benjamin Bloom von der University of Chicago eine „Taxonomy of Educational Objectives" (abgekürzt: TEO), die als *Lernzieltaxonomie* auch in der Curriculum-Forschung der BRD inzwischen einen festen Platz hat. Aufbau und Funktion dieser Taxonomie werden im Trainingsbogen 5 erläutert. Hier soll zunächst nur gefragt werden, welche *Grobeinteilung* der Taxonomie zugrunde liegt.

Bloom unterscheidet zwischen:

> 1. kognitiven Lernzielen
> 2. affektiven Lernzielen
> 3. psychomotorischen Lernzielen

2.

> **These A:** Es gibt keine Lernzieldefinition, die nicht wenigstens einer der drei Dimensionen zugeordnet werden könnte.

Benjamin Bloom und Mitarbeiter unterstellen, in ihrer Klassifikation sämtliche denkmöglichen Lernziele der amerikanischen und anderer Kulturen ohne Einseitigkeiten, Verzerrungen oder versteckte Wertsetzungen erfassen zu können. Die Einteilung in die kognitive, die affektive und die psychomotorische Lernzieldimension sei, so David Krathwohl, einer der Mitarbeiter, „rein deskriptiv". Diese These ist jedoch bezweifelt worden (vgl. Trainingsbogen 5, S. 110 f.).

3.

> **Definition:** *Kognitive Lernziele* beziehen sich auf Denken, Wissen, Problemlösen, auf Kenntnisse und intellektuelle Fertigkeiten.

In der kognitiven Dimension befindet sich — rein zahlenmäßig betrachtet — in der Regel der allergrößte Teil der in einem Lehrplan ausgewiesenen Lernziele.

Auf die kognitive Dimension beziehen sich auch die meisten verfügbaren Intelligenztests und die große Mehrzahl aller Einzelaufgaben aus Klassenarbeiten, Klausuren.

Beispiele für kognitive Lernziele:
1. „Besonderheiten von Warenzeichen, Patent- und Musterschutz sowie Methoden der Arzneimittelregistrierung erläutern" (Rahmenlehrpläne Hessen, Apothekenhelferin)
2. „Die Schüler sollen die Notwendigkeit der Einbeziehung von Hilfswissenschaften zur Lösung pädagogischer Fragen erkennen." (Heft 9 zur KMK-Oberstufenreform, Erziehungswissenschaft, S. 14)
3. Vgl. die zahlreichen Beispiele in der *Anlage 1*, S. 138.

4.

> **Definition:** *Affektive Lernziele* beziehen sich auf die Veränderung von Interessenlagen, auf die Bereitschaft, etwas zu tun oder zu denken, auf Einstellungen und Werte und die Entwicklung dauerhafter Werthaltungen.

Eine Übersetzung des Wortes „affektiv" macht große Schwierigkeiten. Das dtv-Lexikon schreibt schlicht:

> „Affektion = (lat. Lutherzeit) krankhafter Vorgang oder Zustand"

Dieser abwertende Bedeutungsgehalt schwingt im umgangssprachlichen Gebrauch auch heute noch in Deutschland mit. Die amerikanischen Autoren haben eine solche Abwertung aber nicht gemeint. Das Wort „affektiv" wird wertneutral gebraucht; es bezeichnet also nicht nur ein in irgendeiner Weise übertriebenes Verhalten, sondern jegliches Verhalten, das den Aufmerksamkeits-, Gefühls- und Wertungsbereich betrifft.
Beispiele:
1. „Bereitschaft, Vorurteile gegenüber anderen Gesellschaften abzubauen" (Heft 8 zur KMK-Oberstufenreform: Sozialwissenschaft, S. 11)
2. „Der Schüler entwickelt die Fähigkeit zur Toleranz gegenüber einem Sprachverhalten, das nicht den Normierungen seines eigenen Kodes entspricht." (Heft 2 zur KMK-Oberstufenreform: Deutsch, S. 56)
3. Vgl. die zahlreichen Beispiele in Anlage 1, S. 144.

5.

> **Definition:** *Psychomotorische Lernziele* beziehen sich auf die manipulativen und motorischen Fertigkeiten eines Schülers.

Die Präzisierung des Begriffs „psychomotorisch" hat den Autoren der Lernzieltaxonomie die größten Schwierigkeiten bereitet. Das angekündigte Handbuch für diese dritte Dimension ist immer noch nicht erschienen und wird nach Auskunft der Autoren auch nicht mehr erscheinen.

Beispiele:
1. „Die kleinen und großen Buchstaben des Ausgangsalphabets (außer q, Q, x, X, y, Y) nach Vorbild und aus der Vorstellung leserlich, flüssig und formklar schreiben." (Richtlinien und Lehrpläne für die Grundschule in Nordrhein-Westfalen, 1973, S. 11, Schrift und Schreiben, 1. Schuljahr)
2. „Beim Schreiben ins Heft das Löschblatt als schützende Unterlage unter der schreibenden Hand benutzen." (a. a. O.)
3. „Buchstaben und Wörter des Übungsbereichs aus der Vorstellung an der Wandtafel angemessen groß, leserlich und zügig schreiben." (a. a. O.)
4. „Der Schüler soll in der Lage sein, erfolgreich an Basketball-Wettkämpfen teilzunehmen und Spiele selbständig zu leiten. Dazu gehören neben Technik und Kondition die Einsicht in taktische Verhaltensweisen, in die Bedeutung des mannschaftsdienlichen Spiels und in moderne Spielsysteme." (Heft 16 zur KMK-Oberstufenreform in NW, Sport, S. 15)
5. „Im Sportunterricht sollen psychomotorische Fähigkeiten zum Zweck der Selbstverwirklichung entwickelt werden. Lernen ist hier Auseinandersetzung mit einer Umwelt (Gerät, Raum, Partner, eigener Körper) zur Ausbildung und Bewältigung eines Ich-Welt-Verhältnisses und umweltorientierten Verhaltens." (Heft 16 zur KMK-Oberstufenreform in NW, Sport, S. 10)

Anmerkungen: Besonders zum vierten und fünften Beispiel für ein psychomotorisches Lernziel sind einige Problematisierungen notwendig:
— Diese beiden Lernziele sind so komplex formuliert, daß sie sich nicht auf die psychomotorische Dimension begrenzen lassen (vgl. etwa „Einsicht ... in die Bedeutung des mannschaftsdienlichen Spiels").
— Traditionelle Leibeserzieher würden das Wort „psychomotorisch" vermutlich lieber im Sinne einer „Überhöhung" von kognitiven und affektiven Lernzielen lesen — sicherlich ein Verständnis, das der TEO widerspricht.

— Grundsätzlich ist zu überlegen, ob nicht für den Bereich der Sportdidaktik der Begriff „sensumotorisch" geeigneter ist, weil er die Verbindung mit neurophysiologischen Prozessen herstellt. (Vgl. Walter Volpert: Anmerkungen zu Entwicklung und Funktion der Forschung auf dem Gebiet des sensumotorischen Lernens, in: Sportwissenschaft, 2. Jg. [1972], Heft 4, S. 393—407).

6.

> **These B:** Lernziele aus den drei Dimensionen schließen einander nicht aus, sondern bedingen sich gegenseitig.

Diese These wird in Lernzieldiskussionen oft übersehen: Es kann sich gar nicht darum handeln, *nur* kognitive oder *nur* affektive Lernziele im Unterricht zu verfolgen; streng genommen ist es nicht einmal einwandfrei zu sagen, daß ein Lehrer ein Übergewicht auf die eine oder andere Dimension lege. Dieses „Übergewicht" kann eine bestimmte Dimension nur im Bewußtsein des Lehrers erhalten, nicht jedoch in den faktischen Lernprozessen des Schülers. Denn wenn der Lehrer z. B. kognitive Lernziele betont und affektive überhaupt nicht zur Kenntnis nimmt, so hat er dennoch eine — allerdings implizite — Entscheidung über die affektiven Lernziele getroffen, so z. B. das affektive Lernziel, daß der Schüler seine Affekte und Triebe soweit zu beherrschen lernen soll, daß sie den Lehrer nicht in seinem sachorientierten Unterrichtsstil stören.

Der Begriff affektiv ist also ein komplementärer, kein entgegengesetzter zum Begriff kognitiv. Am deutlichsten wird diese gegenseitige Ergänzung an einer Formel, die in neueren Curricula immer wieder verwandt wird:

> „Fähigkeit und Bereitschaft zu ..."

Diese Formel soll ausdrücken, daß es nicht ausreichen kann, die Fähigkeiten eines bestimmten Lernzielbereichs zu beherrschen, ohne die Bereitschaft mitzuwecken, diese Fähigkeiten in gegebenen Situationen auch anzuwenden.

Beispiel:

> „Fähigkeit und Bereitschaft, in politischen Alternativen zu denken, Partei zu ergreifen und gegebenenfalls auch unter dem Druck von Sanktionen zu versuchen, Entscheidungen zu realisieren." (Richtlinien für den Politischen Unterricht, hrsg. vom Kultusminister Nordrhein-Westfalen, Stuttgart 1973, S. 14)

7. Kontrollaufgabe I

Es ist ein häufiges Mißverständnis, anzunehmen, daß *affektive* Lernziele in der Mathematik und in naturwissenschaftlichen Fächern keine Rolle spielen oder zumindest keine Rolle spielen sollten. Dieses Mißverständnis kommt etwa in folgendem Satz zum Ausdruck:

> In der Mathematik haben affektive Lernziele nichts zu suchen; vielmehr sollen die Schüler einen *sachlichen Zugriff* auf mathematische Probleme erfahren.

Skizzieren Sie bitte den Fehler in dieser Argumentationsweise:

....
....
....
....
....
....
....
....

8. Arbeitsanweisung

Kreuzen Sie bitte in der folgenden Lernzielliste *an*, ob es sich Ihrer Meinung nach um ein kognitives, ein affektives oder um ein psychomotorisches Lernziel handelt.

Aufgrund der These B könnte es dabei sinnvoll werden, für einige Lernzielformulierungen mehrere Dimensionen anzukreuzen.

Lernziel	kognitiv	affektiv	psychomot.	Nummer
Der Schüler soll lernen, daß wissenschaftliche Arbeit Gründlichkeit und Wahrhaftigkeit erfordert. (Heft 3 zur KMK-Oberstufenreform: Geographie, S. 55)				1
Im Interesse des notwendigen Selbstverständnisses des Schülers wird angestrebt, durch die Selbstreflexion zu Einsichten in die allgemeinen Bedingungen von Selbstverwirklichung zu verhelfen. (Heft 3 zur KMK-Oberstufenreform: Philosophie, S. 41)				2

Lernziel	kognitiv	affektiv	psychomot.	Nummer
Hochvakuum- und Halbleiterdioden hinsichtlich ihrer Eigenschaften als elektrisches Ventil vergleichen (Rahmenlehrpläne für berufl. Schulen Hessen, Physiklaborant)				3
Im Blick auf die persönliche Existenz und die gesellschaftlichen Gegebenheiten und Erfordernisse Identifikationsangebote wahrnehmen und aufgrund kritischer Erörterungen ihrer Werte und Normen selbständig und verantwortlich handeln lernen (Heft 11 zur KMK-Oberstufenreform: Kathol. Religionslehre, S. 10)				4
Die Schülerin soll mit Hilfe gelernter Bewegungsfertigkeiten ihrer motorischen Grundeigenschaften bewußt werden und sie verbessern. Sie soll imstande sein, leichte rhythmische Bewegungsfolgen zu gestalten. (Heft 16 zur KMK-Oberstufenreform: Sport, S. 23)				5
Der Schüler soll fähig sein zur Wahrnehmung eigener Interessen. (Heft 3 zur KMK-Oberstufenreform: Geographie, S. 55)				6
Sensibilität für physische, psychische und gesellschaftliche Beeinträchtigungen der Freiheit entwickeln (Heft 11 zur KMK-Oberstufenreform: Kathol. Religionslehre, S. 11)				7
Fähigkeiten zur ästhetischen Produktion und Rezeption des kontrollierten Einsatzes der Sinne im optischen und haptischen sowie motorischen Bereich (Heft 18 zur KMK-Oberstufenreform: Kunst, S. 13)				8

9. Kontrollaufgabe II

Lesen Sie bitte die beiden folgenden Sätze und entscheiden Sie sich, welcher Verwendung des Wortes „affektiv" Sie zustimmen:

1. „*Affektive* Lernziele sollen nicht in ein Curriculum Religionsunterricht aufgenommen werden, weil auch Fragen des Glaubens in der Sekundarstufe II nur wissenschaftlich vermittelt dargeboten werden dürfen."

2. „Religionsunterricht sollte nur dann erteilt werden, wenn seine *affektiven* Lernziele offengelegt, diskutiert und gebilligt werden können."

Die Verwendung des Wortes „affektiv" in Satz Nr. ☐ ist *richtig*, weil

....
....
....
....

Die Verwendung des Wortes „affektiv" in Satz Nr. ☐ ist *falsch*, weil

....
....
....
....

10. Der analytische Charakter der Lernziel-Dimensionierung

Die in These B angesprochenen Fragen müssen noch einmal aufgenommen werden. These B lautete:

> Lernziele aus den drei Dimensionen schließen einander nicht aus, sondern bedingen sich gegenseitig.

Die Aufteilung aller Lernziele in kognitive, affektive und psychomotorische Teil-Kataloge darf nur als schwerpunktmäßige Zuordnung einer Formulierung zu einer der drei Dimensionen gelesen werden. Lernziele sind immer Abstraktionen einer vielschichtigeren Wirklichkeit (vgl. Trainingsbogen1, Abschnitt 7). Deshalb darf die Betonung der einen Dimension nie als Leugnung der Existenz der anderen mißverstanden werden. Diesen Sachverhalt drückt These C aus:

> **These C: Die Einteilung der Lernziele in drei Dimensionen hat *analytischen* Charakter.**

„Analytisch" soll dabei besagen, daß beim Formulieren eines Lernziels *eine* der drei Dimensionen hervorgehoben wird, daß aber beim Schüler nur in einer „konzertierten Aktion" aller drei Dimensionen Verhaltensänderungen bewirkt werden können.

Blättern Sie bitte noch einmal zurück zum Trainingsbogen 1, S. 20 f.! Dort wurde festgestellt, daß Lern*ziel* und Lern*ergebnis* begrifflich unterschieden werden müssen. Auf der Grundlage dieser Unterscheidung kann verdeutlicht werden, was These C besagen soll:
— Konkrete Lern*ergebnisse* betreffen immer Verhaltensänderungen in *allen drei* Dimensionen. (Selbst dort, wo scheinbar keine Verhaltens-*änderung* vorliegt, dürfte eine Verhaltens-*Stabilisierung* eingetreten

sein, die im Sinne des weiten Verhaltensbegriffs aus Trainingsbogen 1 ebenfalls als „Verhaltensänderung" definiert werden muß.)
— Die sprachlich artikulierten Vorstellungen über solche Lernergebnisse, also die Lernziele, stellen demgegenüber eine Verkürzung auf *eine* der drei Dimensionen dar.

Deshalb ist der in manchen fachdidaktischen Curricula ausgesprochene Verzicht auf eine Analyse der affektiven und noch häufiger der psychomotorischen Lernziele grundsätzlich zu bedauern (vgl. z. B. Heft 13 [Physik] zur KMK-Oberstufenreform in NW, S. 18). Allerdings kann ein solcher Mangel kaum den Autoren dieser Curricula zur Last gelegt werden; vielmehr handelt es sich um ein Defizit der Lernforschung und Erziehungswissenschaft selbst.

Beispiel für die Verschränkung der drei Dimensionen:
Älteren Lehrern, die vor 1945 Schüler gewesen sind oder selbst noch unterrichtet haben, ist vielleicht der Choral „Wach auf, wach auf, du deutsches Land, du hast genug geschlafen" in unangenehmer Erinnerung.

Das Lernziel hätte damals lauten können:

> „Die Schüler sollen den Choral ‚Wach auf, wach auf, du deutsches Land' in seiner völkischen Botschaft erkennen und in den ersten drei Strophen auswendig singen können."

Das Lernziel betont in der hier vorgelegten Formulierung die *kognitive Dimension:* Die Schüler sollen die völkische Botschaft „erkennen", sie sollen etwas auswendig können; sie sollen sicherlich auch den Inhalt des Liedes ansatzweise verstehen.

Das Lernziel hat ebenso eine *affektive Dimension* — auch dann, wenn der Lehrer nicht daran gedacht haben sollte. Das „Erkennen" der völkischen Botschaft ist zwar in der Wahl des Wortes auf kognitive Lernprozesse gemünzt, es spielt aber zweifelsfrei ganz stark in affektive Bereiche. Sollte dieses affektive Lernziel im Unterricht erreicht worden sein, so dürfte es in vielen Fällen ein zweites affektives Lernziel — wenn auch vom Lehrer ungewollt — im Gefolge gehabt haben; z. B. das Ziel, die Grundhaltung zu erwerben „Ich singe nie wieder freiwillig einen deutschen Choral!".

Das Lernziel hat eine *psychomotorische Dimension:* Die Schüler müssen den Rhythmus und den Takt kennenlernen (wiederum eine Leistung, die alle drei Dimensionen betrifft), sie müssen im Rahmen des Gesangsunterrichts bestimmte Fertigkeiten erworben haben oder neu erwerben.

11. Die Unterdrückung der affektiven Lernzieldimension

Affektive Lernziele werden in alten und in neuen Lehrplänen und
Unterrichtshandbüchern in der Regel stiefmütterlich behandelt:
— Entweder werden nur die kognitiven Lernziele angegeben,
— oder die affektiven Lernziele werden — im Gegensatz zu den
  kognitiven — nur auf einer ganz abstrakten und dadurch für die
  Unterrichtsplanung folgenlosen Ebene bestimmt,
— oder die Angabe der affektiven Lernziele erfolgt verklausuliert in
  den Hinweisen zur Methodik (z. B. wenn die Vorzüge der Gruppenarbeit gepriesen werden oder wenn Hinweise zur Motivation der
  Schüler erfolgen usw.)

Lesen Sie bitte den folgenden Auszug aus dem Lehrerband zum
erdkundlichen *Unterrichtswerk „Dreimal um die Erde"* (Hannover 1968,
Bd. 1, S. 12):

> „In den Richtlinien der meisten Bundesländer wird die Führung einer
> *Arbeitsmappe* für alle Fächer des Sachunterrichts gefordert. ... Der Umgang mit der Mappe bereitet den Kindern große Freude, wenn ihnen
> gestattet wird, selbst Gesammeltes darin geordnet aufzubewahren. Ein
> Lehrer wird sicher den sich bei den 10—12jährigen ausprägenden
> Neigungen nicht gerecht, wenn er den Ehrgeiz hat, innerhalb einer Klasse
> in der Gestaltung der Mappen ein möglichst hohes Maß von Uniformität
> zu erreichen. Je vielgestaltiger sie sind, desto mehr entsprechen sie dem
> Interesse und dem Arbeitseifer des einzelnen Kindes. Dennoch kann der
> Lehrer auf bestimmte Sammelreihen und auf einige festgelegte Formen
> der Notierung nicht verzichten."

Diese kurze Passage zum *Medien-Einsatz* im Erdkundeunterricht enthält
m. E. eine ganze Reihe von Anspielungen auf affektive (selbstverständlich auch auf kognitive) Lernziele. Versuchen Sie bitte, einige dieser
Anspielungen in eine affektive Lernzieldefinition zu übertragen:

Lernziel 1: ....
....
....
....

Lernziel 2: ....
....
....
....

Lernziel 3: ....
....
....
....

12. Funktionen der Lernziel-Dimensionierung

In vielen neueren Curricula geht man dazu über, gesonderte Lernziel-Kataloge für die drei Dimensionen aufzustellen (Beispiel: Heft 3 zur KMK-Oberstufenreform: Erdkunde).

Daß eine solche Trennung *möglich* ist, dürfte durch diesen Trainingsbogen schon hinlänglich bewiesen sein. Ob sie *sinnvoll* ist, muß jedoch sehr viel ausführlicher erörtert werden. Dazu einige Hinweise:

1. *Vorteile der Lernziel-Dimensionierung*
   - Die Dimensionierung stellt sicher, daß *die affektiven* Lernziele *mehr Beachtung* finden, als es bisher in Unterrichtspraxis und Unterrichtsforschung üblich gewesen ist. Gerade die kontrollierte Einbeziehung der gewollten und der in Kauf genommenen affektiven Lernziele dürfte ausschlaggebend bei einem Votum *für* die Arbeit mit dimensionierten Lernziel-Katalogen werden.
   - Bei der Analyse von Lehrplänen und Unterrichtsentwürfen können durch die Dimensionierung *Lücken in der Lernzielbestimmung* aufgedeckt werden; im zweiten Schritt kann dann untersucht werden, ob es sich hier nur um Lücken in der Analyse, oder um Lücken im tatsächlichen Angebot an den Schüler handelt.
   - Die Dimensionierung ermöglicht verhältnismäßig schnelle und einfache *Vergleiche* mehrerer Curricula.
   - Die Unterscheidung von *kognitiven und affektiven Zielen* macht es überhaupt erst möglich, beide *bewußt aufeinander zu beziehen.* Erst wenn in analytischer Absicht die Unterscheidung durchgeführt worden ist, kann im zweiten Schritt die (sicherlich sehr mühsame und bisher zu wenig wissenschaftlich bearbeitete) Zusammenführung versucht werden.

2. *Nachteil der Lernziel-Dimensionierung*
   Die Lernziel-Dimensionierung bringt einen gewichtigen Nachteil mit sich, sobald die Curriculum-Entwickler bei der analytischen Trennung der drei Dimensionen *stehenbleiben.* Lange Listen von kognitiven, affektiven und psychomotorischen Lernzielen helfen keinem Lehrer, wenn nicht zweierlei sichergestellt ist:
   - Erstens muß nicht nur behauptet, sondern für jeden Einzelfall nachgewiesen werden, welche Lernziele aus den drei Dimensionen miteinander verschränkt sind. Dieser Nachweis, der wohl nur über die Entwicklung von Unterrichtseinheiten erfolgen kann, erfordert einen beträchtlichen Arbeitsaufwand.
   - Zweitens darf die Betonung des Verhaltensaspekts, wie sie nun einmal mit den drei analytischen Dimensionen des Verhaltens gegeben ist, nicht dazu führen, daß die Sachstrukturen eines

Faches zerstückelt werden. („Dann hat er die Teile in seiner Hand/Fehlt, leider! nur das geistige Band.")

13. Lernziel-Dimensionierung und Verwertungsinteressen

In der neueren, vornehmlich nordamerikanischen Curriculum-Diskussion läßt sich ein Umschwung der Aufmerksamkeit beobachten: Waren früher fast ausschließlich Curriculum-Probleme aus der kognitiven Lernzieldimension Gegenstand von Projekten und Forschungsvorhaben (z. B. im Programmierten Unterricht), so hat seit einiger Zeit die wissenschaftliche Aufarbeitung der affektiven Dimension immer mehr Beachtung gefunden; die Aufarbeitung der psychomotorischen Dimension steht allerdings noch aus. Eingetreten ist dieser Umschwung nicht zuletzt wegen der Einsicht, daß allein über die Rationalisierung der kognitiven Dimension der Unterricht kaum mehr effektiver gemacht werden kann. Die Schüler machen einfach nicht mehr mit. Es wäre naiv, diesen Wandel in der wissenschaftlichen Aufmerksamkeit gesellschaftsfern als reine Zufälligkeit zu betrachten; er kann sicherlich nicht vom allgemeinen Trend zu einer Technologisierung des Unterrichts (d. h. der zweckrationalen Verfügung über möglichst alle Einflußfaktoren des Unterrichts) getrennt werden (vgl. auch die Überlegungen aus Trainingsbogen 3, Abschnitte 17 und 18).

Anhang: Auflösung der Übungsaufgaben

Auflösung zu Abschnitt 7 (Kontrollaufgabe I)

Der Argumentationsfehler besteht darin, daß auch die Fähigkeit, mathematische Probleme im „sachlichen Zugriff" anzugehen, ein *affektives Lernziel* darstellt. Gerade ein solcher sachlicher Zugang wird nicht vom Grundschüler im ersten Schuljahr mitgebracht, sondern mühsam antrainiert und oft genug überhaupt nicht erreicht.

Beispiel: Das nahezu magische, völlig „unsachliche" Verständnis des Gleichheitszeichens, das Schüler der Grundschule in der Regel noch haben; das Zeichen drückt für diese Schüler eher aus, daß „etwas passiert", daß etwas „größer" oder „kleiner" oder „stärker" wird. In der Sekundarstufe I ist ein solches Verständnis dann in der Regel abgebaut.

Auflösung zu Abschnitt 8 (Arbeitsanweisung)

Lernziel Nr. 1: Es wird im Lehrplan Geographie als „affektiv" bezeichnet, hat aber m. E. ebenso kognitive Elemente.
Lernziel Nr. 2: kognitiv
Lernziel Nr. 3: kognitiv
Lernziel Nr. 4: Dieses Lernziel ist so vielschichtig formuliert, daß auf jeden Fall alle drei Dimensionen gemeint sein müssen: Das Wahrnehmen der Identifikationsangebote ist zunächst eine kognitive Aufgabe, setzt aber auf der affektiven Seite die Bereitschaft zum Wahrnehmen voraus. Das Ziel des verantwortlichen Handelns ist zusätzlich nicht ohne psychomotorische Fertigkeiten zu erreichen. (So erfordert z. B. die als Konsequenz aus diesem Lernziel zu folgernde Teilnahme an politischen Aktionen eine psycho-physische Kondition.)
Lernziel Nr. 5: psychomotorisch
Lernziel Nr. 6: mindestens: kognitiv und affektiv
Lernziel Nr. 7: kognitiv und affektiv
Lernziel Nr. 8: kognitiv, affektiv und psychomotorisch

Auflösung zu Abschnitt 9 (Kontrollaufgabe II)

Es handelt sich hier um dasselbe Problem wie im Abschnitt 7!

Satz 1 ist *falsch*, weil es ein Irrtum wäre, zu meinen, daß „wissenschaftliche Vermittlung" automatisch eine Begrenzung auf die kognitive Dimension bedeutet. Wissenschaftliches Denken, Argumentieren und Lernen spielt sehr wohl auch in der affektiven und psychomotorischen Dimension. (Vgl. auch die Definition von „Wissenschaftspropädeutik" im Heft 17 der Schriftenreihe zur Strukturförderung im Bildungswesen des Landes Nordrhein-Westfalen, „Kollegstufe NW", Ratingen 1972, S. 28/29)

92 Trainingsbogen 4

Satz 2 ist *richtig*, weil er davon ausgeht, daß affektive Lernziele grundsätzlich nicht ausgeblendet werden können.

Auflösung zum Abschnitt 11 (Die Unterdrückung der affektiven Dimension)

Die Formulierung affektiver Lernziele zu diesen Überlegungen zum Medien-Einsatz fällt leicht, sobald gesehen wird, daß die Mehrzahl der in diesem Text *vorausgesetzten* Fähigkeiten und Neigungen in Wirklichkeit auch noch eingeübt und gefördert werden müssen:
- Förderung der Neugierde
- Förderung des Sammeldrangs
- Förderung der ‚Individualisierung' der Schüler durch Ausnutzung der Konkurrenzsituation beim Arbeitsmappen-Anlegen.

Ausdrücklich formuliert wird zusätzlich im letzten Satz des Zitats ein Lernziel ungefähr der folgenden Art:
- Schüler sollen festgelegte Formen der Notierung kennenlernen (= kognitiv) und befolgen (= affektiv).

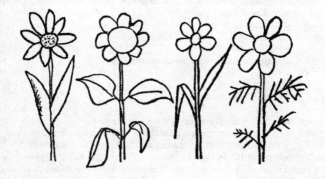

Trainingsbogen 5

Lernziel-Hierarchisierung

In vielen neueren Lehrplanentwürfen wird vorgeschlagen, die Lernziele hierarchisch zu ordnen. Dabei wird oft übersehen, daß die gegenwärtig verfügbaren Hierarchisierungsmodelle lediglich den Verhaltensaspekt von Lernzielen erfassen. Darüber hinaus wird oft vergessen, daß es sich um ein reines Analyse- und nicht um ein Konstruktionsinstrument handelt.

Besondere Bedeutung haben die Hierarchisierungsmodelle von Benjamin Bloom und von Robert Gagné in der BRD erhalten. In diesem Trainingsbogen wird jedoch nur die Bloomsche Taxonomie von Lernzielen vorgestellt. Der Bogen enthält:
- Definitionsvorschläge
- Eine ausführliche Darstellung der kognitiven Lernziel-Hierarchie
- Beispiele für die affektive und psychomotorische Lernziel-Hierarchie
- Übungsaufgaben zum Schätzen der Hierarchiestufe
- Eine Diskussion über Möglichkeiten und Grenzen des Hierarchisierens

1.

Die Diskussion über Modelle der Lernziel-Hierarchisierung setzt in besonderer Weise die Vertrautheit mit dem entsprechenden sozialwissenschaftlichen Slang voraus. Deshalb zunächst vier Definitionen:

> **Definition:** 1. *Klassifikation* = Einteilung einer Menge von Ereignissen oder Gegenständen in Teilklassen, wobei diese Einteilung so beschaffen sein muß, daß die einzelnen Teilklassen keine gemeinsamen Elemente besitzen und in ihrer Gesamtheit die ursprüngliche Menge von Ereignissen oder Gegenständen ausschöpfen.

Beispiel: Die chemische Elemententafel (Ordnung der chemischen Elemente nach ihrer chemischen Wertigkeit).

> **Definition:** 2. *Taxonomie* = Eine Klassifikation (Zuteilungsordnung) für Ereignisse und Gegenstände, die mit dem Anspruch theoretischer Begründbarkeit und empirischer Überprüfbarkeit vorgetragen wird.

In der Literatur zur Lernzielanalyse werden „Klassifikationen" und „Taxonomien" in der Regel nicht begrifflich unterschieden! Die Begriffe werden von vielen Autoren abwechselnd verwandt.
Beispiel: chemische Elemententafel (s. o.).

> **Definition:** 3. *Hierarchie* = eine Taxonomie, deren Reihenfolge durch eine Über- und Unterordnung der einzelnen Ereignisse oder Gegenstände entsteht.

Beispiel: Klassifikationssysteme der Botanik und der Zoologie (z. B. von Linné).

> **Definition:** 4. *Lernziel-Hierarchie* = Einordnung von Lernziel-Definitionen in eine theoretisch begründete und empirisch überprüfte (dadurch für jeden Benutzer nachvollziehbare) Reihenfolge.

Beispiele:
1. Blooms Lernzieltaxonomie
2. Gagnés Lerntypen-Hierarchisierung (vgl. Robert M. Gagné: Die Bedingungen menschlichen Lernens, Hannover 1969)

Hinweis zum Sprachgebrauch:
Die Reihenfolge der vier definierten Begriffe Klassifikation/Taxonomie/ Hierarchie/Lernziel-Hierarchie drückt zugleich die zunehmend spezifischere Verwendung der Begriffe aus (ein semantisches Problem; vgl. Trainingsbogen 2)!

In der vorliegenden Literatur zur Hierarchisierung von Lernzielen werden *die Begriffe jedoch bunt durcheinander verwandt.* (Eine ausführliche Darstellung und Kritik von Hierarchisierungs-Modellen finden Sie bei: Karl Frey: Theorien des Curriculums, Weinheim 1971, S. 187 ff.)

Ausgangsthese:

> **These A: Mehrere Lernziele können einander hierarchisch zugeordnet werden.**

2. Das Hierarchisierungs-Kriterium in der kognitiven Dimension

Überfliegen Sie bitte noch einmal die dritte Definition des obigen Abschnitts: Eine Hierarchie muß theoretisch begründet werden können, d. h. es muß ein *Kriterium* geben, nach dem die Einteilung der Lernziele auf die einzelnen Hierarchiestufen vorgenommen wird. Dieses Kriterium muß eine *intersubjektive Überprüfbarkeit* der Einteilung der Lernziele erlauben. Intersubjektive Überprüfbarkeit liegt dann vor, wenn nicht nur derjenige, der die Entscheidung getroffen hat, diese für richtig *hält,* sondern wenn grundsätzlich jeder Mensch (sofern er Intelligenz, Zeit und Willen aufzubringen bereit ist) *mit Argumenten* zu einer gleichen Entscheidung gebracht werden kann (vgl. auch Trainingsbogen 1, Abschnitt 6).

In Blooms Lernziel-Hierarchisierung wird davon ausgegangen, daß *für jede der drei Lernziel-Dimensionen* (kognitiv, affektiv, psychomotorisch) *ein eigenes Kriterium* angesetzt werden muß. Für die kognitive Dimension wählte man das Kriterium der Komplexität.

> **These B: Lernziel-Formulierungen aus der kognitiven Dimension können nach dem Grad ihrer Komplexität geordnet werden.**

These B besagt, daß *im Blick auf die vom Schüler zu leistenden Verhaltensänderungen* ein Zusammenhang von ganz leichten und elementaren bis zu höchst komplexen und schwer zu erreichenden Lernzielen besteht.

3. Beispielliste

Ordnen Sie bitte die folgende Liste von 4 Lernzielen nach dem Grad ihrer Komplexität!

Lernziele	Reihen-folge	Nr.
zwei Anwendungsbereiche der Lernziel-Taxonomie in der Unterrichtsplanung benennen		1
Kenntnis der Bedeutung des Wortes „Lernziel-Hierarchie" haben		2
Fähigkeit, das Wort „Lernziel-Hierarchie" auszusprechen		3
über die logische Widerspruchslosigkeit der Stufen in einer Lernziel-Hierarchie Auskunft geben können		4

Diese erste Beispielliste ist nun verhältnismäßig einfach! Bei Listen mit vielen und komplexen Lernzielen ist eine eindeutige Über- und Unterordnung der Ziele nach ihrem Schwierigkeitsgrad oft sehr mühsam. Ein verläßliches Werkzeug zur genauen Festlegung des Schwierigkeitsgrades ist deshalb dringend erforderlich. Die Lernziel-Taxonomie von Bloom u. a. will ein solches Werkzeug sein.

4. Warnung vor einem Mißverständnis

Das angemessene Verständnis der Bloomschen Lernziel-Hierarchie wird verbaut, wenn man beim Wort „Hierarchie" an die deutsche umgangssprachliche Bedeutung denkt. Das Wort „Hierarchie" hat hier *nichts* mit einer Über- und Unterordnung *im qualitativen Sinne* zu tun, so wie man z. B. von einer Betriebshierarchie spricht und an die wenigen Machtpositionen in der Spitze und die vielen Handlangeraufgaben an der Basis denkt.

> In der Lernziel-Hierarchie werden die Lernziele *nicht nach ihrem Wert*, sondern nach ihrem Schwierigkeitsgrad geordnet!

Es wäre Unsinn zu sagen, daß in einer Lernziel-Hierarchie die wertvollen Lernziele oben und die weniger wertvollen unten stehen. Die Lernziel-Hierarchie hat — ebenso wie die ihr zugrunde liegende Einteilung in die Dimensionen kognitiv/affektiv/psychomotorisch — einen *analytischen Charakter* (vgl. S. 86 f.).

> **These C: Die Lernziel-Hierarchie hat *analytischen* Charakter.**

Die Lernziel-Hierarchie will wertfrei verstanden werden. (Daß dieses Selbstverständnis in einer bestimmten Hinsicht trügt, wird auf S. 110 f. erörtert!) Die Hierarchie bildet ein *Instrument*, mit dem *beliebige* (und immer bestimmte Wertsetzungen ausdrückende) *Lernziele* nach einem *formalen Gesichtspunkt* (und zwar dem des Schwierigkeitsgrades) geordnet werden können.

Aus dieser Feststellung folgt zwingend die nächste These:

> **These D: Die Lernziel-Hierarchie bildet *kein Kriterium zur Auswahl alternativer Lernziele*.**

Die in manchen Curricula zu findende Behauptung, daß die Lernziele dieses Curriculums „mit Hilfe" der Lernziel-Taxonomie von Bloom ausgewählt worden seien, ist irreführend, strenggenommen sogar falsch. Die Lernziel-Hierarchie dient der Entscheidungs*vorbereitung*, nicht der Entscheidung selbst (vgl. Trainingsbogen 6, Abschnitt 9).

5. Die Entstehung der Lernziel-Taxonomie von Bloom und Mitarbeitern

Die von Benjamin Bloom, David Krathwohl und Betram Masia und vielen weiteren Mitarbeitern entwickelte „Taxonomy of Educational Objectives" (*im folgenden abgekürzt: TEO*) stammt aus den 50er und 60er Jahren. Sie ist Ergebnis einer aufwendigen und langfristigen Team-Arbeit einer Gruppe von Wissenschaftlern und 1000 Lehrern, die bei der Evaluation (Bewährungsprüfung) mitgewirkt haben. Die Gruppe erhielt den Auftrag, College- und Hochschulprüfungen zu vereinheitlichen. Es sollte festgestellt werden, welche – im Blick auf die jeweiligen Inhalte höchst unterschiedlichen – Lernziele der Curricula dieser Schulen im Blick auf ihren Schwierigkeitsgrad als gleichwertig zu bezeichnen waren.

Inzwischen wird die TEO nicht nur zur Standardisierung von Leistungsbewertung, sondern für zahlreiche andere Aufgaben herangezogen. Es gibt kaum ein Problem in der Curriculum-Entwicklung, für das nicht schon irgendein Wissenschaftler die „Zuständigkeit" der TEO behauptet hätte:
– für die Entwicklung von Lernzielreihen und Unterrichtseinheiten

- für die Überprüfung des Unterrichtserfolgs
- für die Überprüfung der Qualität des Curriculums
- für die Weiterbildung der Curriculumtheorie selbst,
- usw.

Auch in der BRD gibt es bereits Projekte und mehrere Rahmenlehrpläne, die — zumindest ihrem Selbstverständnis nach — mit Bloomschen Hierarchisierungsmodellen arbeiten. Dabei besteht die große Gefahr, daß die Tragfähigkeit der TEO überschätzt wird (vgl. Abschnitt 22)!

6. Theoretische Begründbarkeit und empirische Überprüfung

Die TEO macht einige *psychologische Annahmen*; so z. B. die Annahme, daß sich die Verhaltensweisen eines Menschen gerade in die *drei* Dimensionen kognitiv/affektiv/psychomotorisch gliedern lassen. Warum es gerade drei, und nicht vier oder fünf oder noch mehr Dimensionen sind, müßte nun nicht nur behauptet, sondern so weit als möglich bewiesen werden. Der Versuch, die psychologischen Basis-Sätze der TEO theoretisch und empirisch abzusichern, ist aber gescheitert (vgl. die ausführlichen Kritiken bei Robert Gagné und J. P. Guilford: Das Intelligenzmodell der TEO ist zu undifferenziert; vgl. weitere Kritiken bei Karl Frey: Theorien des Curriculums, Weinheim 1971, S. 225–234).

Dennoch — und das ist das beunruhigende Beruhigend-Fatale — *funktioniert* die TEO. Man hat in den USA in aufwendigen Überprüfungen festgestellt, daß unterschiedlichste Lehrergruppen nach einem gewissen Training mit der TEO vorzüglich arbeiten können, d. h. alle jeweils die gleichen Lernziele gleichen Stufen in der Hierarchie zuordnen.

Hier ergibt sich eine bezeichnende Schwierigkeit der Curriculum-Forschung:

> Was funktioniert, wird kritisiert. Was kritikfest ist, hat bisher seine Funktionstüchtigkeit noch nicht nachweisen können.

Auf jeden Fall kann festgestellt werden, daß die TEO wegen ihrer verhältnismäßig leichten Verwendbarkeit ein *Gewicht* in der Curriculum-Praxis der BRD erhalten hat, das ihrer *wissenschaftlichen Qualität nicht entspricht*. Gerade deshalb muß sehr sorgfältig erörtert werden, was diese Taxonomie leisten kann und was sie nicht leisten kann.

7. Die sechs Hierarchiestufen der kognitiven Dimension

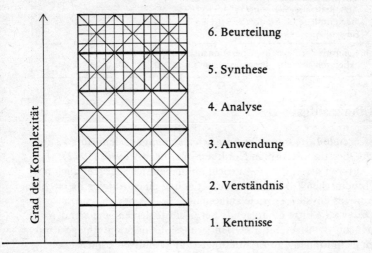

6. Beurteilung

5. Synthese

4. Analyse

3. Anwendung

2. Verständnis

1. Kentnisse

8. Übungsaufgabe I

Überfliegen Sie bitte die als Anlage Nr. 1 wiedergegebene Kurzfassung der Bloomschen Lernziel-Taxonomie. Beschränken Sie sich bitte auf die kognitive Dimension. *Versuchen Sie* dann, *die folgenden vier Lernziele* jeweils einer der sechs Stufen der Lernziel-Taxonomie *zuzuordnen*. Vorweg ein *Beispiel:*

| „Die Fähigkeit, logische Trugschlüsse in Argumentationen zu bezeichnen" | = k 6 (= kognitive Dimension, Stufe 6) |

Lernziele	Hierarchiestufe (ohne Unterstufen)
1. Hochvakuum- und Halbleiterdioden hinsichtlich ihrer Eigenschaften als elektrisches Ventil vergleichen (Rahmenlehrpläne für berufl. Schulen Hessen, Physikl.)	
2. Der Schüler soll lernen, daß wissenschaftliche Arbeit Gründlichkeit und Wahrhaftigkeit erfordert. (Heft 3 zur KMK-Oberstufenreform: Geographie, S. 55)	

3. Besonderheiten von Warenzeichen, Patent- und Musterschutz sowie Methoden der Arzneimittelregistrierung erläutern (Rahmenlehrpläne für berufliche Schulen in Hessen, Apothekenhelferin)	
4. Kenntnis der Begriffe „Operationalisieren", „Hierarchisieren", „Programmieren"	

9. Übungsaufgabe II

Die folgende Liste mit sechs Lernzielen stammt aus dem Heft 13 zur KMK-Oberstufenreform in Nordrhein-Westfalen, *Physik* (1972).
Die Autoren dieses Physik-Curriculums haben sich sehr gründlich mit der Bloomschen Taxonomie beschäftigt und einen *Katalog* hierarchisch geordneter Physik-Lernziele aufgestellt.

Ordnen Sie bitte die folgende Lernzielliste den entsprechenden Stufen zu! Benutzen Sie als Orientierungshilfe dazu die Anlage 1 mit ihren Definitionen und Erläuterungen zur kognitiven Dimension (S. 138 ff.). Um die verhältnismäßig schwere Aufgabe ein wenig leichter zu machen, ist die Stufen-Zuordnung des Lernziels Nr. 3 bereits eingetragen!

Stufen:

1. Kenntnis; 2. Verständnis; 3. Anwendung; 4. Analyse; 5. Synthese; 6. Beurteilung

Lernziele	Hierarchiestufe
1. Die Angemessenheit der Anwendung physikalischer Methoden in außerphysikalischen Bereichen beurteilen können.	
2. Der Schüler soll wichtige spezielle physikalische Daten mit ihrer Größenordnung angeben können (z. B. Lichtgeschwindigkeit; spezifisches Gewicht von Eisen).	
3. Der Schüler soll bei einem Versuch begründete Aussagen über Fehlerquellen machen können und angeben können, in welcher Richtung diese Fehlerquellen das Versuchsergebnis beeinflussen (z. B. Versuch zur Messung eines Widerstandes: Einfluß der Innenwiderstände der Meßinstrumente).	4. Stufe: Analyse

4. Der Schüler soll physikalische Größen bei vorgegebener Meßvorschrift messen können.	
5. Der Schüler soll bei vorgegebenen Meßreihen Vermutungen über mathematisch formulierte Gesetzmäßigkeiten äußern können und die Stichhaltigkeit dieser Vermutungen überprüfen können.	
6. Der Schüler soll Experimente zur Prüfung vorgegebener Hypothesen planen und ausführen können.	

10. Nach welchem Modus werden die Zuordnungsentscheidungen getroffen?

Vergegenwärtigen Sie sich bitte, *wie* Sie eben die beiden Aufgaben 8 und 9 gelöst haben:
Haben Sie Ihre Entscheidung über den Komplexitätsgrad der Lernziele aus den Übungsaufgaben I und II
— mehr durch die Orientierung an Hand der Namens-Überschriften der sechs Hierarchiestufen gefunden („Beurteilung", „Synthese", etc.)?
— mehr durch einen Vergleich der Lernziele untereinander?
— mehr durch einen Vergleich mit den *Beispielen,* die in die Kurzfassung der Bloomschen Taxonomie zur Verdeutlichung aufgenommen worden sind (S. 138 ff.)?
— mehr durch die erläuternden Bemerkungen und Definitionen in der Kurzfassung?
— durch die Vermischung mehrerer Gesichtspunkte?
weitere Entscheidungsgesichtspunkte:
— ....
  ....
  ....
  ....
— ....
  ....
  ....
  ....

Die Meinung des Autors: *Ohne die beigegebenen Beipiele* und nur mit Hilfe der Begriffsbildungen wäre die TEO *unbrauchbar!*

11. Das Verhältnis der sechs Hierarchie-Stufen zueinander

Die folgende These ist im Grunde selbstverständlich; sie muß aber noch einmal ausdrücklich formuliert werden, weil sie für die Diskussion über die Anwendbarkeit der TEO in Unterrichtsanalyse und -planung entscheidend ist:

> **These E:** Komplexe Lernziele eines bestimmten Inhaltsbereichs setzen jeweils alle vorausliegenden Hierarchiestufen als „gekonnt" voraus.

> Wenn ein komplexes Lernziel erst nach der Beherrschung des vorausgegangenen erreicht werden kann, so ist es (endlich) möglich, diese alte Lehrerweisheit nicht nur zu behaupten, sondern an ausgeführten Curricula und Unterrichtsplanungen zu überprüfen. Man kann kontrollieren, ob in Lernprogrammen Fehler gemacht worden sind.

Die hierarchische Ordnung der Taxonomie kann also in einem Schema verdeutlicht werden: Wenn man die erste Stufe („Kentnisse") mit A bezeichnet, ergibt sich folgender Aufbau:

```
1.00 A
2.00 AB
3.00 ABC
4.00 ABCD
5.00 ABCDE
6.00 ABCDEF
```

In diesem Schema kommt der *behavioristische Grundansatz der TEO* besonders deutlich zum Ausdruck: Sehr komplexe Lernziele, so wird in der TEO unterstellt, können *ohne Rest* in Teilfertigkeiten aufgegliedert werden. Das bedeutet umgekehrt: Es gibt zwischen einfachen und schwierigen Lernzielen keine qualitativen Sprünge, sondern einen einlinigen Aufbau. Kurz: *Das Ganze ist nicht mehr als die Summe seiner Teile.*

Eine solche Annahme ist aber keineswegs selbstverständlich; die im Trainingsbogen 2 erwähnten dialektischen Modelle der Lernzielanalyse würden sie kaum teilen!

12. Offene Frage: Die Unterstufen der Hierarchisierung

Die TEO im kognitiven Bereich ist in sechs Stufen gegliedert. Diese „Hauptstufen" sind aber, wovon bisher noch nicht die Rede war, in mehrere Unterstufen unterteilt.

Stufe 1 (Kenntnisse)
1.1 Kenntnis konkreter Einzelheiten
1.2 Kenntnis von Wegen und Mitteln für den Umgang mit konkreten Einzelheiten
1.3 Kenntnis der Universalien und Abstraktionen eines Gebietes

Stufe 2 (Verständnis)
2.1 Übertragung
2.2 Interpretation
2.3 Extrapolation

Stufe 3 (Anwendung)
(keine Unterstufen)

Stufe 4 (Analyse)
4.1 Analyse von Elementen
4.2 Analyse von Beziehungen
4.3 Analyse von organisatorischen Prinzipien

Stufe 5 (Synthese)
5.1 Schaffen einer einheitlichen Kommunikation
5.2 Entwerfen eines Plans oder eines Programms für eine Reihe von Operationen
5.3 Ableitung einer Reihe abstrakter Beziehungen

Stufe 6 (Beurteilung)
6.1 Beurteilungen im Hinblick auf innere Klarheit
6.2 Beurteilungen im Hinblick auf äußere Kriterien

Frage:
Besagt die Hierarchie-Hypothese von Bloom, daß ein Schüler Punkt für Punkt alle Unterstufen durchlaufen muß, um zur komplexesten Stufe 6.2 zu gelangen? Oder reicht es, wenn der Schüler jeweils ein Lernziel aus *einer* Unterstufe beherrscht, um zur nächsten Hauptstufe vorangehen zu können?

In der Bloomschen Taxonomie findet sich, falls ich keine Stelle überlesen habe, kein Hinweis und erst recht keine Antwort auf diese Frage. Der Autor dieses Programms wäre für Lösungshinweise sehr dankbar!

13. Der Unterschied zwischen dem Operationalisieren und dem Hierarchisieren

Die Unterscheidung fällt vielen Lesern und auch manchen Autoren schwer. Deshalb dieser *kleine Einschub* im fünften Trainingsbogen:

In Trainingsbogen 3 war definiert worden:

> *Lernziel-Operationalisierung im weiteren Sinne:*
> = semantisch (möglichst) eindeutige Angabe der beobachtbaren Elemente der gewünschten Veränderung des Schülerverhaltens

Das Operationalisieren bezieht sich also auf die Lernziel-*Formulierung*. Statt einer vagen Formulierung wird eine konkrete, eindeutige Formulierung angestrebt.

Beim Hierarchisieren wird dagegen die Operationalisierung schon vorausgesetzt! Die Lernziel-Hierarchie klassifiziert Verhaltensänderungen; nicht auf Verhalten bezogene Lernziele können deshalb gar nicht eingeordnet werden!

— Das Operationalisieren bezieht sich auf das Abstraktionsniveau der Lernziel-*Formulierung*.
— Das Hierarchisieren bezieht sich auf den *Schwierigkeitsgrad* von Lernzielen.

Anmerkung: Die Unterscheidungsschwierigkeiten entstehen beim Leser auf Grund der üblichen graphischen Darstellungsweisen des Operationalisierens und Hierarchisierens. Beide werden *in der Senkrechten* abgebildet:

Bei einer gemeinsamen graphischen Darstellung müßte die Hierarchiestufe in der Waagerechten abgebildet werden:

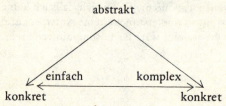

14. Hierarchisierung der Lernziele im affektiven Bereich

Im bisherigen Teil dieses Trainingsbogens wurden nur Lernziele aus dem kognitiven Bereich verwandt. Eine Hierarchisierung affektiver Lernziel-Bestimmungen ist natürlich ebenso versucht worden. Dazu bedarf es eines eigenen Kriteriums. Die Suche nach diesem Kriterium hat den amerikanischen Autoren der TEO einiges Kopfzerbrechen bereitet. Zu guter Letzt hat man sich auf den Begriff der *Internalisierung* geeinigt.

> **These F:** Lernziel-Definitionen in der affektiven Dimension können nach dem Grad der beim Lernenden zu bewirkenden Internalisation geordnet werden.

David Krathwohl liefert zu diesem Begriff eine Definition.

> **Definition:** *Internalisation* = das innere Wachstum, das auftritt, wenn sich das Individuum der Haltungen, Prinzipien, Regeln und Sanktionen bewußt wird, die Teil von ihm werden, indem sie Werturteile bilden und sein Verhalten steuern.

Diese Definition ist insofern überraschend, als ein behavioristisch orientierter Autor wie David Krathwohl eigentlich nicht die Formel „inneres Wachstum" verwenden dürfte.

Bloom macht den Vorschlag, die *affektive Lernziel-Dimension* in fünf Stufen zu gliedern:

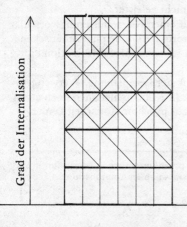

5. Charakterisierung durch einen Wert oder eine Wertstruktur
4. Organisation
3. Werten
2. Reagieren
1. Aufmerksamwerden; Beachten

15. Kontrollaufgabe I

Von vielen Autoren wird betont, wie notwendig eine Aufarbeitung der affektiven Lernziel-Dimension sei. *Begründen Sie* bitte, ob Sie mit dem folgenden Satz einverstanden sind oder nicht:

> „Die Lernziel-Hierarchie im affektiven Bereich ermöglicht es, endlich erfahrungswissenschaftlich zu entscheiden, welche Werthaltungen im Unterricht den Schülern vermittelt werden sollen und welche nicht!"

Dieser These ist zuzustimmen/nicht zuzustimmen, weil:

....
....
....
....
....
....
....
....

16. Hierarchisierung der Lernziele im psychomotorischen Bereich

Die Autoren der TEO (Bloom, Krathwohl, Masia) haben zwar die Dreiteilung der Lernziel-Dimensionen vorgeschlagen, die Hierarchisierung im psychomotorischen Bereich aber nicht geleistet.

Ersatzweise wird immer wieder auf einen Hierarchisierungsvorschlag von *R. H. Dave* hingewiesen. Die Autorin betont den hypothetischen Charakter ihres Vorschlags. Dennoch sei er zu Ihrer Information kurz skizziert!

Fundort: Christine Möller, Technik der Lernplanung, 4. erweiterte Auflage Weinheim 1973, S. 255/256. (Sie finden hier auch noch einen weiteren Hierarchisierungsvorschlag zur psychomotorischen Dimension von Guilford.)

> **These G:** Lernziel-Definitionen in der psychomotorischen Dimension können nach dem Grad der angestrebten *Koordination* geordnet werden.

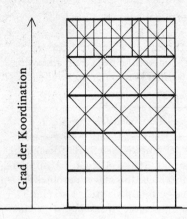

17. Das Verhältnis der drei Lernziel-Dimensionen zueinander

Lesen Sie bitte noch einmal die These B aus Trainingsbogen 4:

> Lernziele aus den drei Dimensionen schließen einander nicht aus, sondern bedingen sich gegenseitig.

Aus dieser These folgt, daß die drei Lernziel-Dimensionen nicht getrennt voneinander betrachtet werden dürfen. Sinnvoll ist es vielmehr, überall dort, wo in der Lernziel-Formulierung nur eine der drei Dimensionen ausgedrückt wird, nach dem Verbleib der anderen beiden zu fragen. Zur Verdeutlichung noch einmal das *Beispiel* vom Choral-Singen aus Trainingsbogen 4, Abschnitt 10. Wird dieses komplexe Lernziel aufgeschlüsselt, so muß in jeder Dimension gezeigt werden können, wieviele Hierarchie-Stufen erfaßt werden:

18. Warnung vor einem Mißverständnis

Die notwendige Verzahnung der drei Dimensionen darf nicht so verstanden werden, als ob die jeweiligen Nummern in der Dezimalklassifikation direkt miteinander verglichen werden könnten, und zwar aus folgenden Gründen:

> Die TEO bildet keine Intervall-, sondern eine Ordinalskala.

Diese beiden Ausdrücke stammen aus der empirischen Sozialforschung: Eine *Ordinalskala* mißt (nur) die Intensität, Stärke oder Größe, mit der eine bestimmte Eigenschaft bei den einzelnen Untersuchungsobjekten (hier also den Lernzielen) auftritt. Eine Ordinalskala stellt also eine *Rangfolge* auf. Bei einer *Intervallskala* müssen die *Abstände* zwischen zwei Punkten genau angegeben werden können. Das ist z. B. der Fall, wenn in Metern, Sekunden oder DM gemessen werden kann. Die Aufstellung von Intervallskalen ist im Bereich der Sozialwissenschaften äußerst schwierig.

Ein solcher Bezugspunkt fehlt in der TEO. Aber selbst wenn eine Intervallskala vorläge (was nicht der Fall ist), so dürfte daraus nicht geschlossen werden, daß eine Parallelität zwischen den drei Dimensionen besteht.

Zusätzlich muß auch noch berücksichtigt werden, daß die drei Dimensionen von zwei Autoren bzw. Autorengruppen mit unterschiedlichen Bezugspunkten stammen.

Beispiel: Ein Lernziel wird in der kognitiven Dimension unter 2.10 eingeordnet.
Das korrespondierende affektive Lernziel wird zufällig ebenfalls unter 2.10 eingeordnet. Daraus darf nicht geschlossen werden, daß beide Lernziele einen gleich großen Komplexitäts-, bzw. Internalisierungsgrad ausdrücken.

19. Kontrollaufgabe II

Das folgende Zitat stammt aus den *Niedersächsischen „Handreichungen für Lernziele, Kurse und Projekte im Sekundarbereich II"* von 1972. Für die Lernziele des sprachlichen und literarisch-künstlerischen Aufgabenfeldes wird die folgende Grobgliederung vorgeschlagen:

> A) Beherrschung von Arbeitstechniken
> B) Entwicklung von Arbeitsstrategien

C) Erweiterung der kommunikativen Fähigkeiten
D) Einsicht in den Zeichencharakter und in Strukturen sprachlicher, akustischer und visueller Information
E) Kritisches Bewußtsein gegenüber sprachlicher, akustischer und visueller Information
F) Fähigkeit zu kreativem Verhalten

Im Kommentar zu dieser Grobgliederung wird geschrieben:

„Die vorstehenden Lernziele 1. Ordnung sind insoweit *hierarchisiert*, als ihre Reihenfolge ein Fortschreiten vom Instrumentalen über das Kognitive zum Affektiven darstellt. Selbstverständlich lassen sich diese drei Ebenen des Lernprozesses ebensowenig voneinander trennen, wie innerhalb der einzelnen Kurse die dort angegebenen Lernziele ohne Verbindung nacheinander angestrebt werden können." (a. a. O., A 5)

Notieren Sie bitte, ob der hier vorliegende Gebrauch des Wortes Hierarchisieren in Übereinstimmung mit den Definitionen dieses Trainingsbogens steht: ....
....
....
....
....
....
....
....

20. Kontrollaufgabe III

In Heft 3 der Schriftenreihe zur KMK-Oberstufenreform in NW werden die *Groblernziele der Geographie* in die drei folgenden Gruppen unterteilt:

„1. kognitive, inhaltsbezogene Lernziele
2. allgemeine, instrumentale Lernziele
3. verhaltensbezogene (affektive) Lernziele"

Unterstellt man, daß die Begriffe „kognitiv" und „affektiv" dieser Dreiteilung im Sinne der Bloomschen Lernziel-Taxonomie verwandt werden, so ergeben sich *Unstimmigkeiten*. (Ob diese Unterstellung zu recht geschieht, ist aus dem Heft 3 nicht eindeutig zu entnehmen.)
Notieren Sie bitte die Unstimmigkeiten dieser Dreiteilung!

Erste Unstimmigkeit: ....

Zweite Unstimmigkeit: ....

(*Hinweis 1:* Die „instrumentalen" Lernziele beziehen sich auf die Fähigkeiten des Schülers, Informationen zu beschaffen, auszuwerten und darzustellen.
Hinweis 2: Sollte Ihnen nur eine Unstimmigkeit auffallen, so lesen Sie bitte noch einmal Trainingsbogen 1, Abschnitt 9!)

21. Grenzen der Leistungsfähigkeit der TEO

Man sollte die Leistungsfähigkeit der TEO für die Arbeit in Curriculum-Kommissionen und die Anwendung in Lehrplänen nicht überschätzen, und zwar aus folgenden Gründen:
- Die TEO ist *ein Analyse-, kein Konstruktionsinstrument;* d. h., daß immer nur *vorliegende* Lernziel-Definitionen aufbereitet werden können (vgl. Abschnitt 4 dieses Trainingsbogens).
- Die TEO dient der Entscheidungs*vorbereitung;* die Entscheidungen selbst lassen sich aus ihr nicht ableiten.
- Bei der TEO handelt es sich um eine Hierarchisierungs-*Hypothese*, um mehr nicht! Die Stichhaltigkeit dieser Hypothese muß für jeden neuen Inhaltsbereich erneut überprüft werden.
- Der *Allgemeingültigkeitsanspruch* der TEO und die These „reiner Deskriptivität" müssen zurückgewiesen werden; es läßt sich höchst-

wahrscheinlich nachweisen, daß gerade in der kognitiven Lernziel-Dimension ein *dem Positivismus entlehntes Modell des Wissenserwerbs* zugrunde gelegt worden ist.

Dem Positivismus nahestehende Theorien gehen davon aus, daß auf der Ebene von Objektaussagen (also von nicht-methodologischen Aussagen) eine strenge Trennung zwischen Fakten und Normen durchzuhalten sei (vgl. Trainingsbogen 6, Abschnitt 3). Dieses Charakteristikum des Positivismus wiederholt sich in der *säuberlichen Trennung der Stufen 1 bis 5 von der Stufe 6.*

Forschungshypothese:
Es sollte überprüft werden, ob die kognitive Dimension so, wie sie im Dimensionierungsvorschlag von Bloom dargestellt wird, immer *zu einer verzerrten Lernzielanalyse* führen muß. Heimlichen Positivismus sehe ich darin, daß erst in der letzten, sechsten Stufe das Problem der Beurteilung („evaluation") aufgenommen wird. Dahinter steckt die These, daß der Kenntniserwerb solange wie möglich von Werturteilen freigehalten werden sollte. Ob eine solche These richtig ist, muß angesichts des Positivismusstreits in den Sozialwissenschaften aber zumindest als offen bezeichnet werden.

Ist diese These aber falsch, so ist es nicht mehr zwingend, alle Lernziele, die den Schüler zum Bewerten von Zusammenhängen auffordern, als zu komplex anzusetzen.

22. Möglichkeiten eines sinnvollen Gebrauchs der TEO

Auf die Schwierigkeiten der Arbeit mit der TEO ist im letzten Abschnitt hingewiesen worden. Ich rechne deshalb nicht damit, daß es der Curriculum-Forschung in der BRD schon in den nächsten drei oder vier Jahren gelingen könnte, ein vollständig durchhierarchisiertes Curriculum vorzulegen.

Welchen Nutzen hat die TEO dann?

> **These H: Die TEO kann eine *heuristische* Funktion für die Curriculum-Entwicklung und Unterrichtsplanung erhalten.**

Mit dieser Schlußthese soll eine Prognose über den *tatsächlichen Gebrauch* der TEO in den nächsten Jahren gemacht werden.

Hinweis: „*Heuristik"* (von griechisch „heureka" = ich hab's gefunden) ist die Lehre vom methodisch geleiteten Finden von Hypothesen. Dieses Finden der Hypothesen muß säuberlich vom

Begründen (Verifizieren/Falsifizieren) der Hypothesen unterschieden werden.

These H besagt, daß die TEO geeignet sein muß — bei Berücksichtigung ihrer Schwächen —, doch ein methodisch geleitetes Suchen und Finden von Lernzielen zu ermöglichen:

— Man kann die TEO benutzen, um Lernziele neu zu *entdecken.*
— Man wird die TEO benutzen, um überhaupt ein *Gespür für die Über- und Unterordnung* von Lernzielen zu erwerben.
— Man wird die TEO benutzen, um *Beispiele* für gelungene Verhaltensbeschreibungen zu haben.
— Man wird die TEO benutzen, um in Anlehnung an ihren Hierarchisierungsvorschlag in bestimmten Fachdidaktiken leicht *modifizierte Hierarchisierungsvorschläge* zu erarbeiten.

Man sollte jedoch nicht glauben, allein durch die Benutzung der TEO schon einen höheren Grad der Verwissenschaftlichung der Unterrichtsvorbereitung erzielt zu haben als vorher.

Anhang: Auflösung der Übungsaufgaben

Auflösung zu Abschnitt 3 (Beispielliste)

Lernziel Nr. 1 = das zweitschwierigste (Nr. 3)
Lernziel Nr. 2 = das drittschwierigste (Nr. 2)
Lernziel Nr. 3 = das einfachste (Nr. 1)
Lernziel Nr. 4 = das schwierigste (Nr. 4)

Auflösung zu Abschnitt 8 (Übungsaufgabe I)

Alle vier Lernzielformulierungen gehören m. E. zur kognitiven Dimension.
Ich schlage folgende Klassifikation vor:
Lernziel Nr. 1 = k 3
Lernziel Nr. 2 = k 6
Lernziel Nr. 3 = k 1
Lernziel Nr. 4 = k 1

Auflösung zu Abschnitt 9 (Übungsaufgabe II)

Lernziel Nr. 1 = Stufe 6 (Beurteilung)
Lernziel Nr. 2 = Stufe 1 (Kenntnisse)
Lernziel Nr. 3 = Stufe 4 (Analyse)
Lernziel Nr. 4 = Stufe 2 (Verständnis)
Lernziel Nr. 5 = Stufe 3 (Anwendung)
Lernziel Nr. 6 = Stufe 5 (Synthese)
Anmerkung: Ich vermute, daß Sie nicht in allen Punkten zu der gleichen Entscheidung gelangt sind wie die Autoren des Physik-Heftes. Das ist nicht weiter verwunderlich, weil die Lernziele dieser Übungsaufgabe aus ihrem Kontext herausgerissen werden mußten.

Auflösung zu Abschnitt 15 (Kontrollaufgabe I)

Bei dem zur Diskussion stehenden Satz handelt es sich um einen *grundlegenden Irrtum* über die Leistungsfähigkeit der TEO. Denn diese hat nur analytischen Charakter (in allen drei Dimensionen!). Schlagen Sie bitte noch einmal Abschnitt 4 dieses Bogens auf:
Wegen der These D ist der Satz aus Abschnitt 15 falsch.

Auflösung zu Abschnitt 19 (Kontrollaufgabe II)

Der in den Niedersächsischen „Handreichungen" gemachte Gebrauch des Wortes „Hierarchisieren" hat selbstverständlich *nichts mit der Verwendung in der TEO* zu tun! Denn in der TEO ist nie daran gedacht worden, *die drei Dimensionen* hierarchisch über- und unterzuordnen. Das aber wird in diesem Kommentar versucht.

Selbst wenn von den Niedersachsen kein Bezug zur TEO beabsichtigt sein sollte, ist *dieser Hierarchisierungsvorschlag problematisch.* Die Problematik liegt einmal in der Unstimmigkeit, die instrumentalen von den kognitiven Lernzielen zu trennen. M. E. sind auch instrumentale Lernziele in weiten Bereichen kognitive! Die zweite Problematik besteht darin, daß hier offensichtlich ein Wertgesichtspunkt in die Hierarchisierung gerutscht ist, der nicht genügend diskutiert wird. Die Frage, warum die affektiven Lernziele weiter „oben" stehen sollen als die kognitiven, ist nämlich keineswegs eindeutig entscheidbar.

Auflösung zu Abschnitt 20 (Kontrollaufgabe III)

Erste Unstimmigkeit:
Nicht nur die kognitiven, sondern auch die affektiven und instrumentalen Lernziele sind — gemäß unserer weiten Definition des Verhaltensbegriffs — verhaltensbezogen!

Zweite Unstimmigkeit:
Nicht nur die kognitiven, sondern auch die affektiven Lernziele sind inhaltsbezogen; es ist also nicht sinnvoll, ein affektives Lernziel ohne Inhaltsdimension zu formulieren! (Die Beispiele, die die Geographen im entsprechenden Abschnitt gebracht haben, haben im übrigen alle eine Inhaltskomponente!)

Eine *zusätzliche Unstimmigkeit* ergibt sich aus der Gegenüberstellung von kognitiven und instrumentalen Lernzielen. Instrumentale Lernziele gehen keineswegs vollständig in den psychomotorischen auf, wie manchmal geäußert wird.

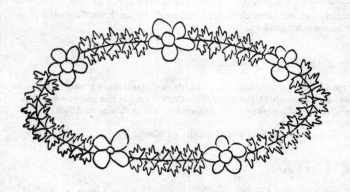

Trainingsbogen 6

Was ist ein Curriculum?

Dieses letzte Kapitel des Trainingsprogramms ist ein wenig komprimierter als die vorhergehenden Bogen geschrieben. Es kann auch außerhalb der Reihe gelesen werden. Es erläutert, mit welchen Curriculum-Begriffen in den fünf Bogen gearbeitet worden ist. Damit wird selbstverständlich kein Studium der einschlägigen Curriculum-Theorien ersetzt.

Dieser Bogen enthält:
- eine These zum politischen Charakter curricularer Entscheidungen
- eine enge Curriculum-Definition
- eine weite Curriculum-Definition
- eine Diskussion ihrer Vor- und Nachteile.
- Kriterien zur Beurteilung von Curricula.

1. Vorbemerkung zum Sprachgebrauch

Seit dem 1967 von Saul B. Robinsohn veröffentlichten Buch „Bildungsreform als Revision des Curriculum" wird in der BRD immer häufiger von *Curricula* gesprochen und geschrieben. Dieses Wort hat aber keineswegs die älteren Bezeichnungen *Lehrplan, Rahmenlehrplan, Richtlinie* verdrängen können. Und auch die von der Curriculum-*Theorie* gemachten Anstrengungen, den Curriculum-Begriff in Abgrenzung vom Lehrplanbegriff zu definieren, sind nicht sonderlich überzeugend ausgefallen.
Vorschlag: Sie sollten großzügig in der Wahl des von Ihnen vorgezogenen Begriffs und penibel in der genauen Umschreibung des mit dem Begriff Gemeinten sein. (Auch in diesen Trainingsbogen wird sowohl von Curricula als auch von Lehrplänen und Richtlinien gesprochen.)

2.

> **These A:** Curricula sind das Ergebnis des Kampfes der gesellschaftlichen Interessengruppen um ihren Einfluß auf die heranwachsende Generation.

Diese These ist keine neumodische Erfindung gesellschaftskritisch engagierter Sozialwissenschaftler, sondern Kernsatz der Lehrplantheorie *Erich Wenigers,* eines der führenden geisteswissenschaftlichen Pädagogen aus der ersten Hälfte dieses Jahrhunderts:

Erich Weniger hatte diese These aus einer historischen Untersuchung der Entwicklung der Fachdidaktik Geschichte gewonnen; es besteht aber kein Anlaß, sie nicht auch für die planmäßige Konstruktion neuer Curricula aufrechtzuerhalten. Das beweisen die Auseinandersetzungen der neueren Zeit, z. B. über die Konzeption des Faches Arbeitslehre, aber ebenso gut über die Rolle des Deutsch- oder die des Religionsunterrichts.

Erich Wenigers Untersuchungen sollten jeden Curriculum-Entwickler und jedes Mitglied einer Lehrplan-Kommission daran hindern, ihren Gegenstand naiv in den Blick zu nehmen, so nämlich, als ob die Festlegung der Richtlinien und Rahmenlehrpläne ausschließlich eine Sache der pädagogischen Vernunft sei. Sicherlich sind die von der Erziehungswissenschaft in den curricularen Entscheidungsprozeß eingebrachten Zielvorstellungen *auch* von einer gewissen Bedeutung und in strittigen Fällen vielleicht sogar einmal ausschlaggebend gewesen; dennoch muß ganz klar gesehen werden, welche *beschränkte Reichweite die Erziehungswissenschaftler* bei ihrem Versuch haben, den Inhalt von Lehrplänen zu bestimmen. Zwar besteht gerade heute eine gewisse Wissenschaftsgläubigkeit in der interessierten Öffentlichkeit. Die entscheidenden Instanzen, also z. B. Kultusminister, Lehrerverbände, Arbeitgebervertreter usw. haben im Konfliktfall immer wieder erfahren müssen, daß innerhalb der Erziehungswissenschaft die unterschiedlichsten Meinungen vertreten werden, und daß es in der Regel möglich ist, eine „passende" zu finden oder zumindest die „unpassenden" gegeneinander auszuspielen.

Deshalb gehört zur These A unbedingt der Zusatz:

> Die Entwicklung von Curricula folgt über weite Strecken den Gesetzmäßigkeiten *politischer* Entscheidungsprozesse.

Spätestens seit der Veröffentlichung der Hessischen Rahmenlehrpläne für die Sekundarstufe I weiß selbst jeder SPIEGEL-Leser, daß Lehrplankonflikte als politische Konflikte ausgetragen werden. Anders formuliert: *Es ist unmöglich, die Diskussion über Lernziele und Lerninhalte auf den Binnenraum der Schule zu begrenzen.*

Neu war an Erich Wenigers These zu seiner Zeit für viele Leser die schmerzliche Einsicht, daß *Lehrpläne nicht* aus theologischen, weltanschaulichen, wissenschaftlichen oder anderen Prämissen *abgeleitet werden können*, und zwar deshalb nicht, weil eine ganze Fülle von *Zusatzentscheidungen* notwendig ist, um von der obersten Sprosse einer solchen Stufenleiter bis zur untersten, dem voll durchgegliederten Lernziel- und Lerninhaltskatalog, zu kommen.

In der Erziehungswissenschaft wird dieses Problem unter dem Stichwort *„Deduktionsproblem"* erörtert. Im Trainingsbogen 3 haben wir bereits gesehen, daß das Operationalisieren nicht mit dem Ableiten (= Deduzieren) verwechselt werden darf. Die Curriculum-Forschung und -Entwicklung muß weiterhin damit rechnen, daß das Deduktionsproblem ungelöst bleibt.

3.

> These B: Curriculum-Entwickler und Lehrer müssen versuchen, den Einfluß gesellschaftlicher Interessengruppen dort zu brechen, wo es das Interesse der Schüler erfordert.

These B geht davon aus, daß nicht nur die gesellschaftlichen Gruppierungen und Klassen, sondern auch die Schüler und die Curriculum-Entwickler und Lehrer ein *Interesse* am Zustandekommen des Curriculum haben müssen.

Sicherlich: *Diese These steht in krassem Widerspruch zur These A.* Sie steht auch im Widerspruch zum Selbstverständnis vieler Curriculum-Forscher:

Gegenposition

Mauritz Johnson, ein auch in der BRD vielzitierter nordamerikanischer Autor schreibt zu der Frage, welche Interessen sich im Curriculum durchsetzen sollen:

> „Verschiedene Kriterien können die Auswahl des Curriculums aus dem verfügbaren Kulturinhalt bestimmen. Das einzig nötige, wenn auch unzureichende Kriterium für die Curriculum-Auswahl ist die Lehrbarkeit des Inhalts. (...)
> Eine *Ideologie* bestimmt, welche zusätzlichen Kriterien bei der Curriculum-Auswahl verwandt werden:
> Eine bestimmte Gesellschaft kann verlangen, daß ein Curriculum in Übereinstimmung mit einer bestimmten Menge von politischen, sozialen, ökonomischen oder moralischen Werten ausgewählt wird."

Johnson geht von dem Grundsatz aus, daß der Wissenschaftler *als Wissenschaftler* keine wertenden Urteile darüber abgeben darf, *welche* Gesellschaftsgruppen mit welchen Normen zum Zuge kommen sollten. Johnson benutzt den *Ideologiebegriff* in dem zitierten Satz, um diese Einstellung auszudrücken. Er unterscheidet zwischen wertfreien und wertbehafteten Aussagen:
— Der *Wissenschaftler* macht *wertfreie* Tatsachenaussagen; Beispiel: „Ein Schüler mit dem IQ 100 *ist in der Lage,* in einem Jahr Fremdsprachenunterricht 1000 neue Vokabeln zu lernen."
— Der *Ideologe* setzt *wertbehaftete* Ziele fest.
Beispiele: „Im Unterricht soll die Fähigkeit der Schüler, pro Jahr 1000 Vokabeln neu zu erlernen, genutzt werden, um in der Arbeitswelt einen reibungslosen Geschäftsverkehr mit dem Ausland zu ermöglichen." Oder: „Im Unterricht soll die Fähigkeit der Schüler, 1000 Vokabeln pro Jahr neu zu erlernen, genutzt werden, um die Kommunikationsfähigkeit mit allen gesellschaftlichen Klassen des entsprechenden Sprachgebiets zu erwerben."
— Der *Wissenschaftler* verhält sich gegenüber den Wertsetzungen der

Ideologen *wertneutral*, d. h. er maßt sich kein Urteil darüber an, ob die Ideologen, die „zufällig" seine Auftraggeber bei der Entwicklung eines Curriculums sind, die richtigen Werte verfolgen.

Johnsons Bestimmung des Verhältnisses von Curriculum-Entwickler und Auftraggeber, von *Wissenschaft und Politik* hat zwei Vorzüge: Sie schafft für den Wissenschaftler klare Fronten und sie ist bequem. Johnson braucht sich die Frage, *welche* Interessen durch seine Arbeit berührt werden, *welche* gefördert und welche unterdrückt werden, nicht mehr zu stellen. Im sozialwissenschaftlichen Jargon wird ein solcher Standpunkt als *positivistisch* bezeichnet. Mit dieser etwas pauschalen Etikettierung soll angezeigt werden, daß der *Wissenschaftler* für die Veränderungen, die er in der Gesellschaft im Auftrag bestimmter Gesellschaftsgruppen einleitet (also auch für die Veränderungen, die durch ein neues Curriculum geschaffen werden), *keine Verantwortung* übernimmt.

4. Das Interesse der Curriculum-Entwickler am Curriculum

Die These B geht im Gegensatz zu der eben skizzierten Auffassung von Mauritz Johnson davon aus, daß Curriculum-Entwickler und Lehrer eigene Interessen haben und bestimmte Interessen anderer Individuen und Gruppen bevorzugt vertreten müssen. Sie sollten diese Interessen bei der Auswahl und Konkretisierung der Lernziele eines Curriculum auch durchzusetzen versuchen. Dadurch wird die Curriculum-Entwicklung keineswegs „unwissenschaftlicher" als vorher. Denn wissenschaftliche Arbeit ist immer mit Interessen verknüpft. Es kommt nicht darauf an, diese Interessen zu bagatellisieren oder gar zu leugnen, sondern sie offenzulegen.

Auch der in dem längeren Zitat von Mauritz Johnson (S. 118) dem Curriculum-Entwickler nahegelegte *Verzicht* auf eigene Interessen kann *nur in einem sehr vordergründigen Sinne* durchgehalten werden. Johnson verfolgt zumindest das eine Interesse, einem beliebigen Auftraggeber eine möglichst effektvolle und ökonomische Durchsetzung der jenem vorschwebenden Werte und Interessen zu ermöglichen.

Zur Wiederholung noch einmal die *These B:*

> Curriculum-Entwickler und Lehrer müssen versuchen, den Einfluß gesellschaftlicher Interessengruppen auf die Gestaltung des Curriculums dort zu brechen, wo es das Interesse der Schüler erfordert.

Die These kann mit den folgenden drei Sätzen erläutert werden:
1. Der Curriculum-Entwickler muß seine Arbeit selbst *verantworten* — nicht nur als privater Bürger, sondern als Curriculum-Theoretiker.
2. Der Curriculum-Entwickler verfolgt bei seiner Arbeit einen eigenen *Interessenstandpunkt* — nicht wegen eines subjektiven Vorteils, sondern mit dem Anspruch auf theoretische Diskutierbarkeit und Begründbarkeit.
3. Dieser Interessenstandpunkt ist teilweise oder ganz mit den *stellvertretend wahrgenommenen Interessen der Schüler* identisch.

Der Anspruch, der in Satz 3 formuliert worden ist, wird von manchen Autoren als ideologieträchtige Selbstverbrämung der Lehrer und Erziehungswissenschaftler kritisiert. Eine aufrichtige Darstellung der Geschichte der Schule würde die Berechtigung dieses Verdachts über weite Strecken bestätigen. Gerade deshalb wird dieser Anspruch auf die Notwendigkeit einer *pädagogischen* Rechtfertigung von Lehrplanentscheidungen hier aufrecht erhalten.

5. Wie äußert sich das Interesse der Curriculum-Entwickler?

Bei dieser Frage müßte jedes Mitglied einer Curriculum-Kommission, aber ebenso der Autor dieses Trainingsprogramms Farbe bekennen und seine gesellschaftstheoretischen und erziehungswissenschaftlichen Vorentscheidungen aufdecken. Ich schlage folgende Formulierung vor:

> Das Interesse des Curriculum-Entwicklers drückt sich aus in der Forderung, das folgende allgemeine Lernziel in jedem Curriculum zu verankern zu versuchen: *„Befähigung des Schülers zur Kritik gegenüber den ihm zugemuteten Ansprüchen gesellschaftlicher Interessengruppen und die Fähigkeit zur Umsetzung dieser Kritik in Handeln."*

(Das soll beileibe nicht so verstanden werden, als ob die Aufnahme *dieses Satzes* in jedes Curriculum irgendeinen Beitrag zur Verwirklichung dieses Anspruchs darstellen könnte.)

6. Wie kann ein solches Interesse gerechtfertigt werden?

Die Ende 1970 vom Kultusminister des Landes Nordrhein-Westfalen eingesetzte *Planungskommission Kollegstufe,* die ein solches Interesse mit ähnlichen Begründungen für sich in Anspruch genommen hat, schreibt dazu:

> Die Forderung nach Kritikfähigkeit „ist bedingt durch die seit der Aufklärung freigesetzte Tendenz zur Mündigkeit des Menschen, zu der sich unsere Republik als demokratisch organisiertes Gemeinwesen bekennt, und mit der die deutsche Bildungstradition in ihren besseren Möglichkeiten durchaus übereinstimmt; es drückt sich didaktisch aus im
> — Prinzip der Kritik, d. h. alle Inhalte der fachlichen Lernziele sind mit Voraussetzungen, Implikationen und Konsequenzen zu lehren, so daß dem Lernenden die Möglichkeit des Widerspruchs gegen die ihm zugemutete Intentionalität offen bleibt."

Nun fällt es verhältnismäßig leicht, solchen allgemein gehaltenen Formulierungen wie dem eben zitierten Satz zuzustimmen. Interessant wird es erst, wenn diese allgemeine Formel kleingearbeitet wird und in konkreten schulischen Situationen Zusammenstöße zwischen Lehrern, Schülern, Eltern, Kammern oder anderen Gruppen hervorzurufen droht.

7. Verzicht auf die Rechtfertigung der getroffenen Lernziel-Auswahl als Lösung?

Es gibt einen *Holzweg,* um das konfliktreiche und mühsame Geschäft der Rechtfertigung der getroffenen Lernziel-Auswahl zu umgehen. Diesen Weg beschreitet die neuere erfahrungswissenschaftlich orientierte Curriculum-Forschung mit scheinbar großem Erfolg. Er besteht darin, *Lernziele* von vornherein *nur noch in operationalisierter Form* zuzulassen (vgl. Trainingsbogen 3):
— Die Frage, welche übergeordneten Lernziele einer begrenzten Auswahl von Lernzielen zugrunde liegen, braucht dann nicht mehr beantwortet zu werden. In Projekten zum Programmierten Unterricht ist diese Auffassungsweise verbreitet.
— Die weitergehende Frage, welchen gesellschaftlichen Interessengruppen bestimmte Akzentuierungen der Lernziel-Auswahl förderlich sind, und umgekehrt, welche Bedürfnisse welcher Gruppen bei bestimmten Akzentuierungen übergangen worden sind, kann dann nicht einmal mehr gestellt werden.
Hier handelt es sich jedoch um eine typische Problem-Vermeidungsstrategie, die nur eine *Scheinlösung* liefert. Denn wenn die Curriculum-Theoretiker und -Praktiker diese Frage von sich weisen, muß und wird sie von anderen Gruppen beantwortet werden.

8. Festhalten am Rechtfertigungsanspruch

In fast allen Curricula, die in den letzten Jahren veröffentlicht worden sind, wird entgegen der eben angedeuteten Tendenz der Anspruch festgehalten, die getroffene Lernziel-Auswahl zu begründen und zu rechtfertigen.

Angesichts dieser Situation kann hier nur das *theoretische Defizit* der Curriculum-Forschung festgestellt werden. Es wird sicherlich in den nächsten Jahren eine der hauptsächlichen Aufgaben der Curriculum-*Theorie* sein, aus dem folgenlosen Bosseln an Konzepten auszuscheren und die Bedingungen, Möglichkeiten und Maßstäbe solcher Rechtfertigungsversuche aufzuarbeiten, kurz: ihr eigenes Interesse an der Curriculumarbeit folgenreich zum Ausdruck zu bringen!

> Mittel und Wege, um Lernziele wissenschaftlich kontrolliert zu rechtfertigen, sind noch weitgehend unbekannt.

Aber selbst wenn die Curriculum-Forscher sie besser kennten, als es zur Zeit der Fall ist, könnte man sicher sein, daß sie umstritten wären.

9. Lernziel-Analyse als Lernziel-Rechtfertigung?

Die naheliegende Frage muß lauten: Welchen *Beitrag* können die *Verfahren der Lernziel-Analyse* (also das Operationalisieren, Dimensionieren und Hierarchisieren) *zur Rechtfertigung der Auswahl* von Lernzielen leisten?

Lesen Sie bitte das folgende Zitat aus dem sehr informativen Bändchen von Siegfried Thiel, „Lehr- und Lernziele". Thiel äußert sich über die Funktionen der Bloomschen Lernziel-Taxonomie, die Sie im Trainingsbogen 5 kennengelernt haben:

> „Bloom und seine Mitarbeiter gingen von den Lehr- und Lernzielen aus, die in den Schulen angestrebt wurden und versuchten, diese aus Lehrplänen, praktischen Unterrichtsbeobachtungen und Lehrbüchern gewonnenen Ziele in operationalisierter Form in eine logische Ordnung zu bringen. ... Auch im deutschen Bereich hat sich die Bezeichnung „Taxonomie" für solche Lernzieleinteilungen durchgesetzt. Dabei wird Taxonomie als Ordnungstheorie verstanden, nach welcher Lernziele, Lerngegenstände, Lernverfahren und Testaufgaben ausgewählt und entwickelt werden können." (Siegfried Thiel: Lehr- und Lernziele, Workshop Schulpädagogik 2, Ravensburg 1973, S. 48)

Was ist ein Curriculum? 123

Meines Erachtens enthält der zitierte Auszug zwei *Überschätzungen der Leistungsfähigkeit* der Lernziel-Taxonomie. Versuchen Sie bitte, sie zu notieren:

Erste Überschätzung: ....
....
....
....
....
....

Zweite Überschätzung: ....
....
....
....
....
....
....

10. Lernziel-Analyse als Entscheidungsvorbereitung

Die Antwort auf die im letzten Abschnitt gestellte Frage kann deshalb nur lauten:

> **These C:** Verfahren der Lernziel-*Analyse* können grundsätzlich *nicht* zur Rechtfertigung der Lernziel-*Auswahl* herangezogen werden.

Diese These ist für mich die wichtigste These des ganzen Buches!
Die Verfahren zur Lernziel-Analyse liefern eben nur eine Analyse, nicht aber Kriterien zur Bewertung und Auswahl. Durch die Lernziel-Analyse wird die begründete Auswahl von bestimmten Lernzielen zwar *vorbereitet* und insofern überhaupt erst ermöglicht; für das Auswählen selbst aber müssen inhaltlich diskutierte Kriterien herangezogen werden.

> **These D:** Die Verfahren zur Lernziel-Analyse (Operationalisieren, Dimensionieren, Hierarchisieren) bilden das *technokratische Nachwort* zur systematisch vorgeordneten Diskussion über die Kriterien der Lernziel-*Auswahl*.

(Das Wort „*technokratisch*" soll hier nicht mehr besagen, als daß die Verfahren der Lernziel-Analyse beliebig einsetzbare Techniken darstellen, die nicht nur beherrscht werden müssen, sondern auch genutzt werden können, um andere zu beherrschen.)

11. Curriculum im engeren Sinne

Eine populäre Definition des Curriculums stammt von dem schon zitierten nordamerikanischen Autor *Mauritz Johnson*. Sie wird im folgenden als Curriculum im engeren Sinne bezeichnet. Johnson schlägt vor:

> **Definition:** Curriculum = strukturierte Reihe von gewünschten Lernergebnissen

Ein Curriculum muß also eine Struktur haben:
— Es kann sich nicht nur um eine reine Addition von Lernzielen zu einem Lernziel-Katalog handeln.
— Welcher Art diese Struktur sein sollte und woher sie gewonnen werden kann, wird bei Johnson allerdings nur angedeutet.
Meine Meinung dazu:
Die Struktur kann nur von der jeweiligen Fachdidaktik bestimmt werden:
— Denn in der Fachdidaktik ist der Ort, an dem die Kriterien soweit konkretisiert werden können, daß der Zusammenhalt zwischen allgemeinen Zielvorstellungen (z. B. „Kritikfähigkeit") und konkreten, vielleicht auch operationalisierten Lernzielen überprüft werden kann.
Ein Curriculum besteht aus gewünschten Lernergebnissen:
— Es handelt sich immer um die Vorstellungen, die bestimmte Personen und Personengruppen über das haben, was wünschenswert sei.

Schlagen Sie bitte noch einmal *zurück zum Trainingsbogen 1*, Abschnitt 8. Dort finden Sie eine Lernziel-Definition, die mit diesem engen Curriculum-Begriff durchaus verträglich ist. Sie können mit dieser Lernziel-Definition eine Kurzfassung des Curriculum-Begriffs bilden:

> Curriculum = strukturierte Reihe von Lernzielen

12. Curriculum im weiteren Sinne

Ich schlage folgenden weiten Curriculum-Begriff vor:

> **Definition:** Curriculum = Begründungszusammenhang von Lernziel-, Lerninhalts- und Lernorganisationsentscheidungen

Ein Curriculum ist ein Begründungszusammenhang:

- D. h. zunächst einmal ganz schlicht, daß es sich um mehr oder weniger theoretisch abgesicherte *Hypothesen* und Hypothesenbündel handelt.
- Diese Hypothesen liefern die *Begründungen* für die Entscheidungen, die eine Curriculum-Kommission in „ihrem" Curriculum zusammengefaßt hat.

Ein Curriculum enthält Entscheidungen:
- Es handelt sich um *Entscheidungen,* nicht um Beschreibungen oder Spekulationen oder sonst etwas. Ein Curriculum ist das *Produkt* eines mehr oder weniger langen und gründlichen Entscheidungsprozesses.
- Da dieser Entscheidungsprozeß fast immer unter Zeitdruck abgebrochen werden mußte, ist das Entscheidungsprodukt vorläufig und überholungsbedürftig.

Ein Curriculum verknüpft Lernziel-, Lerninhalts- und Lernorganisationsentscheidungen:
- Als *Organisationsentscheidungen,* werden hier alle Entscheidungen gefaßt, die die Methodik, den Medieneinsatz, die Wahl der Materialien, die Gestaltung der Lernsituation, kurz: die Schaffung der organisatorischen Voraussetzungen für die Durchführung von Lernprozessen betreffen.
- Die Verknüpfung *zwischen Lernziel- und Lerninhaltsentscheidungen* ergibt sich „zwingend" bereits aus der These C im Trainingsbogen 1: Es ist unmöglich, Lernziele ohne die Angabe eines Lerninhalts zu definieren.
- Die Verknüpfung *zwischen Lernzielen/Lerninhalten und Lernorganisationsentscheidungen* ergibt sich aufgrund der *These vom Implikationszusammenhang* dieser Entscheidungen.

Diese These ist im Bogen 3, Abschnitt 16, bereits an einem Beispiel erläutert worden. Sie besagt, daß die Entscheidungen im Ziel-/Inhaltsbereich die Entscheidungen im Methodik-/Medienbereich mitbedingen und umgekehrt. Es ist folgerichtig, diese *Komplizierung der Curriculum-Arbeit* auch durch die Wahl eines *weiten Curriculum-Begriffs* zu berücksichtigen. Weil die Ziele nicht losgelöst von den Mitteln bestimmt werden können und umgekehrt, hat es keinen Sinn, im Curriculum lediglich die Zielentscheidungen auszuweisen. Ein Curriculum, das seinem Selbstverständnis nach nur Zielentscheidungen enthält, schließt immer Teilentscheidungen über die Lernorganisation ein, ohne sie jedoch ausweisen zu können (vgl. die Kritik an Magers drei Kriterien der Lernziel-Operationalisierung, S. 69).

Aufgrund dieser Überlegungen gelange ich zur These E:

> **These E: Lernorganisationsentscheidungen sind Teil des Curriculum.**

Offen bleibt bei dieser Definition, ob auch die Entscheidungen über die Lernziel-Kontrolle Teil des Curriculums sein sollen (vgl. dazu S. 134).

13. Übungsaufgabe

Dieser Abschnitt enthält drei Auszüge aus drei verschiedenen Curricula.
 Entscheiden Sie bitte für alle drei Curricula, ob ihnen *eher der enge* oder *eher der weite* Curriculum-Begriff zugrunde liegt.

Beispiel 1:
Fundort: KMK-Hefte zur Oberstufenreform in Nordrhein-Westfalen, Heft 2: *Deutsch*, Düsseldorf 1972, S. 31

---

3. Unterrichtsreihen

3.1 Erste Unterrichtsreihe

3.1.1 Ziele der 1. Unterrichtsreihe

Fähigkeit, die vielfältige Sprachwirklichkeit mit Hilfe eines Modells der sprachlichen Kommunikation überschaubar zu machen.
— Unterscheidung von außersprachlicher und sprachlicher Kommunikation, von mündlicher und schriftlicher Kommunikation (innerhalb der sprachlichen), von Sender (Verfasser, Sprecher), Empfänger (Leser, Hörer), Sache oder Situation, Sprache als textbedingenden Faktoren.
— Erkenntnis des Einflusses technischer Medien auf die Art der sprachlichen Kommunikation, der Bedeutung von Texten für die Bewältigung kommunikativer Situationen.
— Fertigkeiten im Verfassen von Texten mit überwiegendem Adressatenbezug.

3.1.2 Unterrichtsinhalte
(Die Auswahl der Inhalte hängt ab von Interesse und Eingangsvoraussetzungen der Gruppe sowie von der Planungsabsicht des Fachlehrers und der Fachkonferenz) Texte mit überwiegendem Adressatenbezug Telefonat, Telegramm, Telex, Brief, Rede, Plakat, Flugblatt, Aufruf, Prospekt etc.
Modell der sprachlichen Kommunikation

3.1.3 Unterrichtsverfahren
Die Schüler sollen die kommunikative Leistung von Texten operational entdecken, deshalb induktive Herleitung des Kommunika-

> tionsmodells; Partner- und Gruppenarbeit; Beschreiben und Verfassen kurzer Texte.
>
> **3.1.4 Lernzielkontrolle**
> Zeichnerische Wiedergabe des Modells und/oder verbale Erläuterung seiner Positionen (Sender etc.); Wiedererkennen der Positionen an geeigneten Vorlagen und Texten; Beschreiben und Verfassen von Vorlagen oder Texten mit deutlichem Adressatenbezug.
>
> **3.2 Zweite Unterrichtsreihe**
>
> **3.2.1 Ziele der 2. Unterrichtsreihe**
> Fähigkeit, Gebrauchstexte mit verschiedener Aussageabsicht zu beschreiben und zu verfassen.
> — Erkenntnis des Zusammenhangs von Aussageabsicht und jeweiliger Textgestalt. Unterscheidung von Textsorten durch Nachweis ihrer Aussageabsicht an den verwendeten sprachlichen Mitteln

Dieser Curriculum-Auszug entspricht:
    eher dem engen Curriculum-Begriff ☐
    eher dem weiten Curriculum-Begriff ☐

Beispiel 2:
Fundort: Rahmenlehrpläne für die beruflichen Schulen des Landes Hessen, Wiesbaden 1972, S. 1

> | 01 | Metallgewerbliche Berufe |
> |---|---|
> | 01.00 | Grundstufe |
> | 01.00.1 | Berufsbezogener Unterricht |
> | 01.00.1.1 | Halbjahr 1 |
> | 01.00.1.1.01 | Lehrgang: Fertigungstechnik 1 (50 Stunden) |
> | 01.00.1.1.01.1 | Lernziele |
>
> — Unterschiedlich hergestellte Werkstücke den einschlägigen Fertigungsverfahren zuordnen
> — Form- und Gießverfahren für einige Werkstoffe (Eisen, NE-Metalle, Kunststoffe) vereinfacht beschreiben
> — Durch Urformen hergestellte Erzeugnisse begrifflich zuordnen
> — Grundlagen des Trennens (des Zerteilens und des Spannens) kennen
> — Das Gemeinsame der spanenden Verfahren kennen
> — Geeignete spanende Werkzeuge nach dem zu bearbeitenden Werkstoff, der Oberflächengüte und dem Arbeitszweck auswählen Arbeitsablauf und Arbeitsergebnis beurteilen
> — Technische und wirtschaftliche Möglichkeiten maschineller Fertigungsverfahren (Bearbeitungszeit, Oberflächengüte, Maßhaltigkeit) kennen

> — Charakteristik eines maschinellen Fertigungsverfahrens (z. B. des Drehens) kennen und definieren
> — Gewindeaufbau, -arten, -normen und einfache Gewindeherstellungsverfahren kennen
> — Die verschiedenen Umformverfahren vereinfacht beschreiben

Dieser Curriculum-Auszug entspricht:
  eher dem engen Curriculum-Begriff ☐
  eher dem weiten Curriculum-Begriff ☐

Beispiel 3:
Fundort: Rahmenrichtlinien Sekundarstufe I, hrsg. vom Hessischen Kultusminister, 1972, *Gesellschaftslehre*, S. 59/60

> *Lernzielschwerpunkt 1: Einführung in den Rollencharakter von Verhaltensformen*
>
> Im Arbeitsbereich Sozialisation erfassen Lernziele und Unterrichtsgegenstände in der Regel unmittelbar den Erfahrungsbereich der Schüler. Lernen im Sinne der Lernziele setzt voraus, daß die Schüler befähigt werden, ihre unmittelbaren Erfahrungen zu hinterfragen. Dazu müssen diese Erfahrungen den Charakter der Selbstverständlichkeit verlieren. Das heißt, die Art, in der Schüler erzogen werden, die Tatsache, daß sie eine öffentliche Schule besuchen, daß sie sich als Kinder, als Junge, als Mädchen in bestimmten Formen verhalten, müßten frag-würdig werden. Alle entsprechenden Versuche müssen mit Widerständen bei den Schülern rechnen, solange die in Frage kommenden Themenstichworte von ihnen so verstanden werden, als ginge es darum, „private", das heißt persönliche Probleme zu behandeln. Andererseits dürfte es zu Beginn des Unterrichts in diesem Lernfeld kaum möglich sein, die gesellschaftlichen Bedingungen für persönliches Verhalten zum Gegenstand von Unterricht zu machen. Als Möglichkeit bietet sich die Einführung des Rollenbegriffs über Beispiele an, an denen Schülern erfahrbar wird, in welchem Ausmaß individuelle Verhaltensformen in ihrem Spielraum festgelegt sind. Um zu verhindern, daß diese Prägung vorwiegend als Ausdruck einer unveränderlichen menschlichen Natur aufgefaßt wird, sollen zum Beispiel gegenwärtige Formen kindlichen Verhaltens verglichen werden mit denen in anderen Kulturen und zu anderen historischen Zeiten. Dem entsprechen folgende Lernziele:
> — erkennen, daß individuelles Verhalten durch Rollenerwartungen geprägt wird (LZ 1)
> — lernen, daß Sozialisationsformen historisch bedingt, das heißt veränderbar sind (LZ 5)
> — eigenes Verhalten als Gegenstand von Reflexion akzeptieren (LZ 16).

Themenstichwort:
Rollenkonformes und nichtrollenkonformes Verhalten
Lernzielorientierte Erläuterungen:

Voraussetzung dafür, daß den Schülern der Rollencharakter individueller Verhaltensformen bewußt wird, kann die Erkenntnis sein, daß das Verhalten von Menschen sich in bestimmten Situationen, bezogen auf Beruf, Geschlechtszugehörigkeit, Alter gleicht. Allerdings reicht diese zum Beispiel über Rollenspiele zu vermittelnde Einsicht nicht aus, um den Begriff Rolle im Sinne der Lernziele einzuführen. Hinzu kommen muß zunächst einmal die Erfahrung, daß bestimmte Verhaltensweisen durch bestimmte Erwartungen ausgelöst werden. Dies wird deutlich, indem Abweichungen von solchen Erwartungen zum Gegenstand von Unterricht werden.

Unterrichtspraktische Hinweise:
Beispiele für rollenkonformes und nichtrollenkonformes Verhalten, die im Unterricht die Einführung des Begriffs Rolle ermöglichen:

— Rollenspiele (Entwerfen von Rollenmustern: der Vater, die Mutter, die Hausfrau, der Lehrer, der Arbeiter, der Student, der Ausländer ...);
— Geschichten und Märchen zu Ende erzählen;
— Darstellung alltäglicher Szenen, in denen es zum Beispiel darum geht, Aufträge, Bitten und Wünsche der Eltern an die Kinder (entweder an den Jungen oder an das Mädchen) zu richten;
— Untersuchung von Texten und Bildern (z. B. Lesebücher, Comics, Werbung ...) unter der Frage nach der Darstellung bestimmter Berufe, Geschlechter, Altersgruppen (Hausfrau, Teenager, Bauer, ,,einfacher Mann aus dem Volk", Lehrer ...);
— Kinder ,,fallen aus der Rolle" — etwa am Beispiel der ,,Pipi Langstrumpf" (A. Lindgren) oder am Beispiel der Mädchen, die ,,wie Jungen" umhertollen, oder der Jungen, die mit Puppen spielen (Struwwelpeter — Anti-Struwwelpeter);
— Zusammenstellen von Verhaltensweisen, die ,,man" — als Junge, Mädchen oder schlechthin als Kind — nicht praktiziert;

Materialhinweise:
dtv-Wörterbuch zur Psychologie, München 1969, Seite 214 — Stichwort Sozialisation
Artikel ,,Sozialisation" (Sozialisationsprozeß) in: Wörterbuch der Soziologie, hrsg. von Bernsdorf, W., Stuttgart 1969, Seite 1028
Gottschalch u. a., Sozialisationsforschung, Fischer Taschenbuch Verlag, ,,Texte zur politischen Theorie und Praxis" — 6503 — Seite 45 ff.
Lindgren, Pipi Langstrumpf, Hamburg
Gormander, Als die Kinder die Macht ergriffen, Frankfurt [2]1971
Herburger, G., Birne kann noch mehr, Darmstadt 1970
Waechter, Anti-Struwwelpeter, Darmstadt 1970

Dieser Curriculum-Auszug entspricht:
   eher dem engen Curriculum-Begriff ☐
   eher dem weiten Curriculum-Begriff ☐
(Die Meinung des Autors finden Sie am Schluß dieses Trainingsbogens.)

14. Theoretischer Hintergrund des engen Curriculum-Begriffs

Ausgangsfrage: Welcher Curriculum-Begriff ist der angemessene? Können beide beliebig verwandt werden? Die Beantwortung dieser Frage ist m. E. vom theoretischen Hintergrund der beiden Definitionen abhängig zu machen.

Die enge Definition lautete:

> Curriculum = strukturierte Reihe von gewünschten Lernergebnissen

Ein Curriculum ist demnach:
— nicht eine Vorschrift zur Durchführung des Unterrichts,
— sondern eine *Vorschrift über die Ziele des Unterrichts,*
— nicht eine Festschreibung der Mittel und Wege,
— sondern eine Festschreibung des erwünschten „outputs" des Unterrichts.

Diese begrifflich und natürlich auch inhaltlich gemeinte Unterscheidung von Curriculum und Unterricht entspringt nun nicht, wie man in der deutschen didaktischen Tradition vermuten könnte, einer pädagogisch begründeten Einsicht in die Entscheidungsfreiheit des Lehrers gegenüber den Lehrplan-Vorgaben. Vielmehr ist sie gerade deshalb notwendig, um Unterricht konsequent steuern zu können. Denn Mauritz Johnson vertritt einen *systemtheoretischen Ansatz* der Curriculum-Entwicklung. (In der Systemtheorie werden Aufbau, Funktionen und Bestandsprobleme von Systemen beliebiger Herkunft diskutiert.)

Johnson schlägt folgendes, hier leicht verkürzt wiedergegebenes *Schema vor* (vgl. Mauritz Johnson: Definitionen und Modelle in der Curriculumtheorie, in: Achtenhagen/Meyer [Hrsg.]: Curriculumrevision — Möglichkeiten und Grenzen, 3. Aufl. München 1972, S. 39):

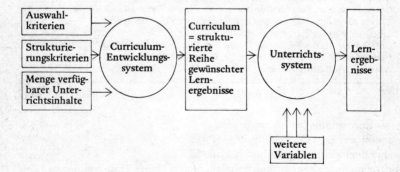

Johnson unterscheidet also das Curriculum-Entwicklungssystem und das Unterrichtssystem.

Das *Curriculum-Entwicklungssystem* hat als *input* die drei Variablen: (1) von der „Gesellschaft" vorgegebene Wertgesichtspunkte als Auswahlkriterien; (2) von den Fachdidaktiken vorgegebene Strukturierungsgrundsätze; (3) von der Kultur vorgegebene Menge verfügbarer Unterrichtsinhalte. Das Curriculum-Entwicklungssystem hat als *output* das Curriculum im definierten Sinne.

Dieses Curriculum wird dann wiederum zum *input* für das *Unterrichtssystem*, welches mit Hilfe der hier nicht erfaßten Variablen die gewünschten Lernergebnisse dann tatsächlich „produziert."

Warnung vor einer Überinterpretation des Johnson-Schemas:

> So einfach, wie es im Schema zum Ausdruck kommt, ist die Curriculum-Entwicklung nun wirklich nicht.

Das Schema bietet eine *äußerste Abstraktion* der sehr viel differenzierteren und vielschichtigeren tatsächlichen „Systembeziehungen" in der Curriculum-Entwicklung. Das Schema ist deshalb als *normativ-analytisch* zu charakterisieren.

normativ-analytisch: Normativ-analytische Modelle bilden die *logische* Struktur von Entscheidungsprozessen ab, nicht die empirisch vorfindliche. Deshalb sind sie nicht geeignet, um Hypothesen über den empirischen Entscheidungsprozeß in der Curriculum-Entwicklung aufzustellen.

Das Motiv für die enge Fassung des Curriculum-Begriffs
Johnsons Definition des Curriculums ist *technologisch* motiviert. Nur wenn klare Systemgrenzen angegeben sind, kann eine optimale Verknüpfung von Curriculum-Entwicklungssystem und Unterrichtssystem geleistet werden; und nur durch eine solche optimale Verknüpfung können die von der Gesellschaft vorgegebenen Wertgesichtspunkte optimal realisiert werden.

15. Theoretischer Hintergrund des weiten Curriculum-Begriffs

Der theoretische Hintergrund des weiten Curriculum-Begriffs ist bereits angedeutet worden. Dieser Begriff geht von der These vom Implikationszusammenhang der Ziel-, Inhalts- und Organisationsentscheidungen aus.

Damit wird im Grunde die ganze traditionelle Didaktik-Diskussion der BRD aufgenommen (vgl. Herwig Blankertz: Theorien und Modelle der Didaktik, 7. Aufl. München 1973):

> Curriculum = Begründungszusammenhang von Lernziel-, Lerninhalts- und Lernorganisationsentscheidungen

Mit dieser weiteren Curriculum-Definition wird erfaßt, was in der ersten wegen ihres heimlichen Positivismus nicht deutlich werden konnte:

> Unterricht ist nicht nur Realisierung gesellschaftlicher (berechtigter oder unberechtigter) Interessen, sondern ebenso oder gewichtiger die Auseinandersetzung mit den subjektiven Bedingungen und Interessen des Lernenden.

Deshalb ist für mich nur eine solche Curriculum-Definition vertretbar, die die Diskussion des Interessengesichtspunktes des Lernenden zumindest nicht verstellt. Die vorgeschlagene weite Definition garantiert nun keineswegs die Berücksichtigung dieses Gesichtspunkts; sie erfaßt aber über den Begriff der Lernorganisation den noch unmündigen Schüler. Deshalb die letzte These dieses Trainingsbogens:

> **These F:** Nur die weite Curriculum-Definition ist für eine kritische Curriculum-Theorie brauchbar.

Die Gefahr, daß der Schüler im Lehrplan als Objekt erscheint, bleibt immer bestehen. Der weite Curriculum-Begriff garantiert noch nicht, daß der Schüler auch als *Subjekt* des Unterrichts im Curriculum reflektiert wird; er verstellt aber zumindest nicht die Möglichkeit zu einer solchen Reflexion.

16. Kriterien zur Beurteilung von Curricula

Auf der Grundlage des *weiten Curriculum-Begriffs* können *Kriterien* zur Beurteilung von Curricula entwickelt werden. Im folgenden wird deshalb kurz erläutert, was alles in einem *voll entfalteten Curriculum* enthalten sein könnte. Ob im Rahmen einer mittelfristig angelegten Curriculum-Entwicklung ein solches Maximalprogramm voll verwirklicht werden kann, muß von Curriculum-Kommissionen selbst entschieden werden.

Ein Curriculum sollte enthalten:
1. *Hinweise zum Verlauf der Entscheidungen* in der Curriculum-Kommission
   (Zusammensetzung der Kommission, Arbeitsdauer, Zeitdruck, Abstimmungsverfahren; Schwierigkeiten und nicht zum Konsens gebrachte Fragen/Minderheitenvoten; zugrunde gelegtes Strukturkonzept der Curriculum-Entwicklung; Methoden und Umfang der Informationssammlung und Auswertung, usw.)
   Sinn dieser Hinweise sollte die Herstellung der Transparenz sein. Nur wenn der Lehrer nachvollziehen kann, wie bestimmte Entscheidungen einer Curriculum-Kommission zustande gekommen sind, kann er sie beurteilen. Nur wenn er sie beurteilen kann, kann er versuchen, sie kompetent zu verwirklichen. (Gemessen an diesem Transparenz-Kriterium schneidet die Mehrzahl der neueren Curricula schlecht ab!)
2. *Darstellung und Begründung des fachdidaktischen Kriteriensatzes,* mit dem die in das Curriculum aufgenommenen Lernziele, Lerninhalte und Lernorganisationsvorschläge ausgewählt wurden.
   (Beispiele für einen solchen Kriteriensatz: Herwig Blankertz [Hrsg.]: Fachdidaktische Curriculumforschung, Strukturansätze für Geschichte, Deutsch, Biologie, Essen 1973)
   Sinn einer solchen Offenlegung des verwandten Kriteriensatzes sollte die *Legitimation* der getroffenen Entscheidungen sein.
3. *Lernzielbestimmungen/Lerninhaltsbestimmungen*
   (Lernziel- und Lerninhaltsbestimmungen sollten nicht zu sehr auseinandergerissen werden; Plausibilität erhält ein Curriculum erst dann, wenn ein Begründungszusammenhang zwischen Zielen, Inhalten und Methoden hergestellt worden ist.
   Die Lernzielbestimmungen können dann unter Angabe der Gründe in bestimmten Teilen Operationalisierungsvorschläge enthalten; eventuell sind auch Hinweise zur Hierarchisierbarkeit am Platze.)
   Sinn einer solchen *Lernziel-Orientierung* des Curriculum sollte es sein, die Unterrichtsplanung des Lehrers zu erleichtern. Dabei ist die in Trainingsbogen 3 diskutierte Gefahr einer Technologisierung des Unterrichts „durch die Hintertür" zu beachten.
4. *Lernorganisationsentscheidungen*
   (Methodenentscheidungen; Hinweise und Vorschläge für Medien, Materialien, verfügbare Lehrbücher; Aufarbeitung des Implikationszusammenhangs zwischen Ziel-, Inhalts- und Organisationsentscheidungen)
   Sinn der Einbeziehung der Lernorganisationsentscheidungen sollte es sein, dem Lehrer ein begründetes Urteil zu ermöglichen, ob die

Zielsetzungen des Curriculums in seiner besonderen Unterrichtssituation verwirklicht werden können.

5. *Hinweise zur Evaluation des Curriculums*

Von Evaluation (= Bewertung) wird hier im doppelten Sinne gesprochen. Einmal ist zu fragen, wie gut die im Curriculum angegebenen Lernziele von den Schülern erreicht werden. Zweitens ist zu fragen, wie gut die Lernziele selbst sind.

(Vorschläge zur lernzielorientierten Erfolgskontrolle des Unterrichts; Vorschläge für Überprüfungsverfahren der Schülerleistungen; Hinweise zur kontrollierten Weiterschreibung und Revision des Curriculums)

Sinn der Hinweise zur Evaluation sollte es sein, die *Überprüfbarkeit* des Curriculums nicht nur zu behaupten, sondern für Lehrer und Schüler *herzustellen*.

6. *Verständlichkeit der Lehrplansprache*

(Ein Nachweis der Berechtigung dieser letzten Forderung erübrigt sich.)

Anhang: Auflösung der Übungsaufgaben

Auflösung zu Abschnitt 9 (Lernziel-Analyse als Lernziel-Rechtfertigung?)

Erste Überschätzung: Lernziel-Taxonomien liefern lediglich einen Beitrag zur Auswahl der Lernziele; sie enthalten *keine Gesichtspunkte zur Ordnung der Lerngegenstände,* Lernverfahren und Testaufgaben.

Zweite Überschätzung: Lernziel-Taxonomien dienen der formalen Ordnung von Lernzielreihen. Sie dienen *nicht der Auswahl und Entwicklung* von Lernzielen, Inhalten, usw.

Auflösung zu Abschnitt 13 (Übungsaufgabe)

Beispiel 1: Ohne Frage steht dieses Curriculum dem weiten Begriff näher als dem engen. Durch die Aufnahme der Hinweise zur Lernziel-Kontrolle geht es sogar über den weiten Begriff hinaus.
Die Frage, inwieweit ein *Begründungszusammenhang* zwischen „Zielen", „Unterrichtsinhalten", „Unterrichtsverfahren" und „Lernziel-Kontrollen" hergestellt worden ist, ist dagegen sehr viel schwerer zu beantworten. Zumindest ist klar, daß in dem vorliegenden Auszug die möglicherweise vorhandenen Begründungen zu wenig offengelegt worden sind.

Beispiel 2: entspricht dem engen Curriculum-Begriff.

Beispiel 3: entspricht eher dem weiten Curriculum-Begriff.

Anlage 1
Lernziel-Taxonomie

Die folgende Kurzfassung der Lernziel-Taxonomie von Bloom/
Krathwohl/Masia ist ein Zitat aus:
David R. Krathwohl: Der Gebrauch der Taxonomie von Lernzielen in
der Curriculumkonstruktion, in: F. Achtenhagen/H. L. Meyer (Hrsg.):
Curriculumrevision — Möglichkeiten und Grenzen, 3. Aufl. München 1972,
S. 75 ff.

Die kognitive Dimension

1.00 Kenntnisse (Knowledge)
Kenntnis, wie sie hier definiert ist, umfaßt das Erinnern von Einzelheiten und Allgemeinem, das Erinnern von Methoden und Prozessen oder von Sitten, Strukturen oder Hintergründen. Aus Gründen der Meßbarkeit umfaßt die Situation des Erinnerns wenig mehr als das Erinnern an geeignetes Material. Obwohl einige Veränderung des Materials erforderlich sein kann, ist dies ein relativ kleiner Teil der Aufgabe. Die Lernziele in bezug auf Kenntnisse betonen am stärksten die psychologischen Prozesse des Erinnerns. Ebenfalls davon betroffen ist der Prozeß des Beziehens, weil eine Testsituation für Kenntnisse die Vergewisserung und Umformung eines Problems erfordert, so daß die richtigen Signale und Hinweise für die Information und die Kenntnisse, die das Individuum besitzt, geliefert werden. Um eine Analogie zu gebrauchen: Wenn man das Gedächtnis als einen Aktenordner ansieht, besteht das Problem einer Testsituation für Kenntnisse darin, in dem Problem oder der Aufgabe die richtigen Signale, Hinweise und Anhaltspunkte zu finden, die am wirkungsvollsten erkennen lassen, was an Kenntnissen abgeheftet oder vorrätig ist.

1.10 *Kenntnis konkreter Einzelheiten (Knowledge of Specifics)*
Das Erinnern von bestimmten und isolierbaren Informationseinheiten. Das Gewicht liegt auf Symbolen mit konkreten Hinweisen. Dieses Material, das sich auf einer sehr niedrigen Abstraktionsebene befindet, kann man sich als Elemente denken, aus denen komplexere und abstraktere Kenntnisformen errichtet werden.

1.11 *Kenntnis von Begriffen (Knowledge of Terminology)*
Kenntnis der Bedeutung spezifischer Symbole (verbal oder nicht verbal). Das kann umfassen: Kenntnis der ganz allgemein anerkannten Bezugssymbole, Kenntnis der Verschiedenheit von Symbolen, die für einen einzigen Hinweis gebraucht werden können, und Kenntnis eines Zusammenhanges, der am geeignetsten für einen bestimmten Gebrauch eines Symbols ist.

> Definieren technischer Begriffe durch Angabe ihrer Attribute, Merkmale oder Beziehungen.

> Vertrautsein mit einer großen Anzahl von Wörtern in ihrer üblichen Bedeutung.

1.12 *Kenntnis einzelner Fakten (Knowledge of Specific Facts)*
Kenntnisse von Daten, Ereignissen, Personen, Orten etc. Das kann sehr präzise und bestimmte Informationen umfassen, wie das spezielle Datum oder das exakte Ausmaß eines Phänomens. Es kann auch ungefähre oder relative Informationen umfassen, wie eine ungefähre Zeitdauer oder das allgemeine Ausmaß eines Phänomens.

> Das Erinnern der Hauptfakten einzelner Kulturen.

> Der Besitz eines Minimalwissens über die im Labor studierten Organismen.

1.20 *Kenntnis von Wegen und Mitteln für den Umgang mit konkreten Einzelheiten (Knowledge of Ways and Means of Dealing with Specifics)*

Kenntnis der Wege, wie man organisiert, studiert, beurteilt und kritisiert. Das umfaßt die Forschungsmethoden, die zeitlichen Abläufe und die Beurteilungsstandards innerhalb eines Gebietes ebensogut wie die Organisationsmuster, durch die die Größe der Gebiete selbst bestimmt und intern organisiert wird. Diese Kenntnisse stehen auf einer Zwischenebene der Abstraktion zwischen speziellen Kenntnissen auf der einen Seite und allgemeinen auf der anderen. Es erfordert nicht so sehr die Aktivität des Schülers beim Gebrauch der Materialien, sondern ein mehr passives Bewußtsein ihrer Natur.

1.21 *Kenntnis von Übereinkünften (Knowledge of Conventions)*

Kenntnis der charakteristischen Wege, Gedanken und Phänomene zu behandeln und darzubieten. Aus Kommunikations- und Konsistenzgründen gebrauchen die mit einem Gebiet Beschäftigten Verfahrensweisen, Stile, Praktiken und Formen, die ihren Zwecken und/oder den Phänomenen, mit denen sie sich befassen, am besten zu entsprechen scheinen. Man sollte zugeben, daß diese Formen und Übereinkünfte, obwohl sie wahrscheinlich auf willkürlicher, zufälliger und autoritativer Basis errichtet sind, durch allgemeine Abmachung oder Übereinstimmung der Individuen, die mit dem Gegenstand, Phänomen oder Problem beschäftigt sind, beibehalten werden.

> Vertrautsein mit den Formen und Übereinkünften der Hauptarten literarischer Gattungen, z. B. Dichtung, Schauspiele, wissenschaftliche Arbeiten etc.

> Schülern die korrekte Form und Anwendung von Wort und Schrift bewußtmachen.

1.22 *Kenntnis von Trends und Abfolgen (Knowledge of Trends and Sequences)*

Kenntnis von Prozessen, Richtungen und Entwicklungen der Phänomene in bezug auf den Zeitaspekt.

> Verstehen der Stetigkeit und Entwicklung der amerikanischen Kultur, veranschaulicht am amerikanischen Leben.

> Kenntnis der Grundtrends bei der Entwicklung der öffentlichen Unterstützungsprogramme.

1.23 *Kenntnis von Klassifikationen und Kategorien (Knowledge of Classifications and Categories)*

Kenntnis von Klassen, Gruppen, Teilen und Anordnungen, die als grundlegend für ein bestimmtes Gebiet, einen Zweck, ein Argument oder Problem angesehen werden.

> Erkennen des Feldes, das von verschiedenen Arten von Problemen oder Materialien umringt ist.

> Vertrautwerden mit einer Reihe von Literaturgattungen.

1.24 *Kenntnis von Kriterien (Knowledge of Criteria)*

Kenntnis von Kriterien, mit deren Hilfe Fakten, Prinzipien, Meinungen und Verhalten getestet oder beurteilt werden.

> Vertrautsein mit Beurteilungskriterien, die für die literarische Gattung eines Werkes oder für den Zweck, um dessentwillen es gelesen wird, angemessen sind.
>
> Kenntnisse der Kriterien für die Beurteilung von Freizeitbeschäftigungen.

1.25 *Kenntnis der Methodologie (Knowledge of Methodology)*

Kenntnis der Forschungsmethoden, Techniken und Verfahren, die in einem speziellen Fachgebiet angewendet werden, ebenso wie derjenigen, die zur Untersuchung spezieller Probleme und Phänomene gebraucht werden. Das Gewicht liegt hier mehr auf der Kenntnis der Methode als auf der Fähigkeit des Individuums, die Methode anzuwenden.

> Kenntnis der wissenschaftlichen Methoden zur Beurteilung von Gesundheits-Programmen.
>
> Der Schüler soll die Methoden der Kritik kennen, die für die Probleme, mit denen sich die Sozialwissenschaften befassen, relevant sind.

1.30 *Kenntnis der Universalien und Abstraktionen eines Gebietes (Knowledge of the Universals and Abstractions in a Field)*

Kenntnis der Hauptschemata und -muster, mit deren Hilfe Phänomene und Gedanken geordnet werden. Das sind die großen Strukturen, Theorien und Generalisationen, die ein Fachgebiet beherrschen oder die ganz allgemein beim Untersuchen von Phänomenen oder Lösen von Problemen verwendet werden. Diese stehen auf der höchsten Ebene der Abstraktion und Komplexität.

1.31 *Kenntnis von Prinzipien und Generalisationen (Knowledge of Principles and Generalizations)*

Kenntnisse von einzelnen Abstraktionen, die Beobachtungen von Phänomenen zusammenfassen. Das sind die Abstraktionen, die Wert haben beim Erläutern, Beschreiben, Voraussagen oder Bestimmen der am meisten geeigneten und relevanten Handlung oder Richtung, die zu wählen ist.

> Kenntnis der wichtigen Prinzipien, durch die unsere Erfahrung mit biologischen Phänomenen zusammengefaßt ist.
>
> Das Erinnern von Hauptrichtungen und Charakteristika einzelner Kulturen.

1.32 *Kenntnis von Theorien und Strukturen (Knowledge of Theories and Structures)*

Kenntnis eines Bündels von Prinzipien und Generalisierungen, die eine klare, abgerundete und systematische Betrachtungsweise eines komplexen Phänomens, Problems oder Gebietes ermöglichen. Dies sind die abstraktesten Formulierungen, die verwendet werden können, um die Wechselbeziehung und Organisation eines breiten Spektrums von Einzelheiten zu zeigen.

> Das Erinnern von Haupttheorien über einzelne Kulturen.
>
> Kenntnis einer relativ vollständigen Fassung der Evolutionstheorie.

Intellektuelle Fertigkeiten und Fähigkeiten

Fähigkeiten und Fertigkeiten verweisen auf organisierte Arbeitsmethoden und allgemeine Techniken für den Umgang mit Material und Problemen. Material und Probleme können so beschaffen sein, daß wenig oder keine spezialisierte und technische Information erforderlich ist. Die geforderte Information kann als Teil des allgemeinen Kenntnisschatzes des Individuums angesehen werden. Andere Probleme können spezialisierte und technische Information auf einer ziemlich hohen Ebene erfordern, so daß spezielle Kenntnisse und Fertigkeiten im Umgang mit den Problemen und dem Material nötig sind. Die Fähigkeits- und Fertigkeitslernziele betonen die geistigen Prozesse des Organisierens und Reorganisierens von Material, um einen speziellen Zweck zu erreichen. Diese Materialien können zur Verfügung gestellt werden oder man kann sich an sie erinnern.

2.00 Verständnis (Comprehension)

Diese Kategorie repräsentiert die niedrigste Ebene von Verstehen. Sie verweist auf eine Art des Verstehens oder Erfassens, bei der das Individuum weiß, was mitgeteilt wird, und bei der es Gebrauch machen kann von dem Material oder dem Gedanken, die mitgeteilt werden, ohne sie notwendigerweise mit anderem Material in Beziehung zu bringen oder den vollen Zusammenhang zu erfassen.

2.10 Übertragung (Translation)

Verständnis, wie es durch die Sorgfalt und Genauigkeit bewiesen wird, mit der die freie und sinngemäße Wiedergabe eines Kommunikationsprozesses von einer Sprache oder Kommunikationsform in eine andere erfolgt. Die Übertragung wird auf der Basis der Gewissenhaftigkeit und Genauigkeit beurteilt, d. h. also danach, wieweit das Material der Originalkommunikation bewahrt worden ist, obwohl die Kommunikationsform verändert wurde.

> Die Fähigkeit, bildliche Aussagen zu verstehen (Metapher, Symbolik, Ironie, Übertreibung).
>
> Fertigkeit, verbales mathematisches Material in symbolische Aussagen zu übersetzen, und umgekehrt.

2.20 Interpretation (Interpretation)

Die Erklärung oder Zusammenfassung einer Kommunikation. Während Übertragung ein objektives, stückweises Wiedergeben der Kommunikation beinhaltet, schließt Interpretation ein Neuordnen oder eine neue Betrachtung des Materials ein.

> Die Fähigkeit, die Gedanken einer Arbeit als ganzer auf irgendeiner gewünschten Verallgemeinerungsebene zu erfassen.
>
> Fertigkeit, verschiedene Arten gesellschaftlicher Daten zu interpretieren.

2.30 Extrapolation (Extrapolation)
Die Verlängerung von Trends und Tendenzen über gegebene Daten hinaus, um Implikationen, Konsequenzen, Korollare, Wirkungen etc. zu ermitteln, die mit der in der Originalkommunikation beschriebenen Form übereinstimmen.

> Die Fähigkeit, sich mit den Ergebnissen einer Arbeit hinsichtlich der unmittelbaren Schlußfolgerung, die aus der expliziten Darstellung gezogen wird, zu befassen.
>
> Fertigkeit, den weiteren Trendverlauf vorauszusagen.

3.00 Anwendung (Application)
Der Gebrauch von Abstraktionen in einzelnen und konkreten Situationen. Die Abstraktionen können die Form von Gedanken, Verfahrensregeln oder allgemeinen Methoden haben. Die Abstraktionen können auch technische Prinzipien, Gedanken und Theorien sein, die in die Erinnerung zurückgerufen und angewendet werden müssen.

> Anwendung auf Phänomene, die in anderen Arbeiten mit Hilfe einer bestimmten Terminologie oder bestimmter Konzepte diskutiert werden.
>
> Die Fähigkeit, den wahrscheinlichen Veränderungseffekt für einen Faktor in einer biologischen Situation, die sich vorher im Gleichgewicht befand, zu prognostizieren.

4.00 Analyse (Analysis)
Die Aufspaltung einer Nachricht in ihre Bestandteile, so daß die aufeinander bezogene Gedankenhierarchie klar wird und/oder die Beziehungen zwischen den dargestellten Gedanken deutlich gemacht werden. Derartige Analysen sollen die Kommunikation klären, sollen nachweisen, wie die Kommunikation organisiert ist, den Weg zeigen, auf dem ihr die Steuerung ihrer Wirkungen gelingt, sowie ihre Basis und Anordnung aufdecken.

4.10 Analyse von Elementen (Analysis of Elements)
Identifikation der in einer Kommunikation enthaltenen Elemente.

> Die Fähigkeit, stillschweigende Voraussetzungen zu erkennen.
>
> Fertigkeit, Fakten von Hypothesen zu unterscheiden.

4.20 Analyse von Beziehungen (Analysis of Relationships)
Die Verbindungen und Wechselwirkungen zwischen den Elementen und Teilen einer Kommunikation.

> Die Fähigkeit, die Konsistenz von Hypothesen mit Hilfe gegebener Informationen und Annahmen zu prüfen.
>
> Fertigkeit, die Wechselbeziehungen zwischen den Gedanken einer Textstelle zu verstehen.

4.30 *Analyse von organisatorischen Prinzipien (Analysis of Organizational Principles)*

Die Organisation, die systematische Anordnung und die Struktur, die die Kommunikation zusammenhält. Das umfaßt sowohl die „expliziten" wie „impliziten" Strukturen. Es umfaßt die Grundlagen, die notwendigen Anordnungen und die Techniken, die die Kommunikation zu einer Einheit werden lassen.

> Die Fähigkeit, Form und Aufbau literarischer oder künstlerischer Werke als Mittel zum Verständnis ihrer Bedeutung zu erkennen.

> Fähigkeit, die allgemeinen Techniken zu erkennen, die in den auf Überredung zielenden Materialien verwandt werden (Reklame, Propaganda, etc.).

5.00 Synthese (Synthesis)

Die Zusammensetzung von Elementen und Teilen zu einem Ganzen. Das umfaßt den Arbeitsprozeß mit Stücken, Teilen, Elementen etc. und deren Anordnung und Verbindung zur Errichtung von vorher nicht erkennbaren Mustern oder Strukturen.

5.10 *Schaffen einer einheitlichen Kommunikation (Production of a Unique Communication)*

Die Entwicklung einer Kommunikation, in der der Schreiber oder Sprecher versucht, Gedanken, Gefühle und/oder Erfahrungen anderen mitzuteilen.

> Fertigkeit, sich schriftlich auszudrücken und seine Gedanken und Aussagen sehr gut zu ordnen.

> Fähigkeit, über eine persönliche Erfahrung wirkungsvoll zu berichten.

5.20 *Entwerfen eines Plans oder eines Programms für eine Reihe von Operationen (Production of a Plan or Proposed Set of Operations)*

Die Entwicklung eines Arbeitsplanes oder des Vorschlages für einen Operationsplan. Der Plan muß die Arbeitsbedingungen berücksichtigen, die für den Schüler gegeben sind oder die er sich selbst schafft.

> Fähigkeit, Verfahren zur Prüfung von Hypothesen vorzuschlagen.

> Fähigkeit, eine Unterrichtseinheit für eine einzelne Lehrsituation zu planen.

5.30 *Ableitung einer Reihe abstrakter Beziehungen (Derivation of a Set of Abstract Relations)*

Die Entwicklung einer Reihe abstrakter Beziehungen, die Daten oder Phänomene klassifizieren oder erklären sollen, oder die Deduktion von Sätzen und Beziehungen aus einer Reihe von Basissätzen oder symbolischen Darstellungen.

> Fähigkeit, auf der Grundlage einer Analyse von Faktoren geeignete Hypothesen aufzustellen und diese beim Auftreten neuer Faktoren und Überlegungen entsprechend zu modifizieren.

> Fähigkeit, mathematische Entdeckungen und Verallgemeinerungen zu
> vollziehen.

6.00 Beurteilung (Evaluation)
Urteile über den Wert von Material und Methoden für bestimmte Zwecke. Quantitative und qualitative Urteile über den Umfang, in dem Material und Methoden Kriterien genügen. Verwendung einer Standardbewertung. Die Kriterien können vom Schüler bestimmt sein oder ihm vorgegeben werden.

6.10 *Beurteilungen im Hinblick auf innere Klarheit (Judgments in Terms of Internal Evidence)*
Beurteilung der Genauigkeit einer Kommunikation aufgrund der logischen Genauigkeit, der Konsistenz und anderer interner Kriterien.

> Beurteilen mit Hilfe interner Kriterien: die Fähigkeit, die allgemeine
> Wahrscheinlichkeit für die Genauigkeit der Faktenwiedergabe anhand der
> Aussagegenauigkeit, der Dokumentation, der Beweisführung etc., abzuschätzen.

> Die Fähigkeit, logische Trugschlüsse in Argumentationen zu bezeichnen

6.20 *Beurteilungen im Hinblick auf äußere Kriterien (Judgments in Terms of External Criteria)*
Beurteilung von Material in bezug auf Kriterien, die man auswählt oder an die man sich erinnert.

> Der Vergleich der Haupttheorien, Verallgemeinerungen und Fakten über
> einzelne Kulturen.

> Beurteilung durch äußere Standards: die Fähigkeit, eine Arbeit mit dem
> höchsten Wissensstand auf diesem Gebiet zu vergleichen, besonders mit
> anderen Arbeiten von anerkannter Bedeutung.

Die affektive Dimension

1.0 Aufmerksamwerden; Beachten (Receiving; Attending)
Auf dieser Ebene sind wir daran interessiert, daß der Lernende für die Existenz bestimmter Phänomene und Stimuli sensibilisiert wird, d. h. daß er auf diese aufmerksam zu werden oder sie zu beachten bereit ist. Für die Uneingeweihten ist die Musik von Bach wiederholend und langweilig; für diejenigen, die wissen, worauf sie zu hören haben, ist sie verschlungen und komplex; aber sogar die Ungeschulten können, wenn es ihnen bewußtgemacht wird, verstehen, daß er in einigen seiner Werke „Kanons" geschrieben hat. Der Lehrer, der den Schüler auf ein solches Charakteristikum in Bachs Werken aufmerksam macht, stellt die unterste Ebene des Verhaltens innerhalb dieser Kategorie her.

1.1 *Bewußtsein (Awareness)*
Obwohl es die unterste Stufe des affektiven Bereichs bildet, ist „Bewußtsein" fast ein kognitives Verhalten. Aber im Gegensatz zur „Kenntnis", der untersten

Ebene des kognitiven Bereichs, geht es nicht so sehr um die Fähigkeit, einen Gegenstand oder ein Faktum zu erinnern, sondern darum, daß — eine geeignete Gelegenheit vorausgesetzt — der Lernende sich lediglich einer Sache bewußt wird, daß er eine Situation, ein Phänomen, ein Objekt oder einen Handlungszustand in Rechnung stellt.

> Ein Bewußtsein für ästhetische Faktoren der Kleidung, Einrichtung, Architektur, Stadtplanung u. ä. entwickeln.
>
> Die Anblicke und die Geräusche einer Stadt mit wachsender Differenzierung beachten.

1.2 *Bereitwilligkeit zum Aufmerksamwerden (Willingness to Receive)*

In dieser Kategorie sind wir eine Stufe höher gestiegen, aber noch mit offensichtlich kognitivem Verhalten beschäftigt. Auf einer Minimalebene beschreiben wir das Verhalten, einen vorgegebenen Stimulus zu tolerieren und ihm nicht auszuweichen. Ähnlich dem „Bewußtsein" umfaßt es eine neutrale oder zurückhaltende Beurteilung des Stimulus. Das ist eine häufig von Kunsterziehern gebrauchte Kategorie, weil wir dazu neigen, einige der neueren Kunstformen abzulehnen und zu umgehen.

> Toleranz für eine Vielzahl von Musikarten entwickeln.
>
> Rassen- und Kulturunterschiede in seinem Bekanntenkreis akzeptieren.

1.3 *Kontrollierte oder ausgewählte Aufmerksamkeit (Controlled or Selected Attention)*

Auf einer etwas höheren Ebene sind wir mit einem neuen Phänomen beschäftigt: der Differenzierung eines bestimmten Stimulus nach dem Figur/Grund-Schema auf einer bewußten oder vielleicht halbbewußten Ebene: der Differenzierung von Stimulusaspekten, die als klar abgegrenzt von benachbarten Eindrücken verstanden werden. Die Wahrnehmung ist immer noch ohne Anspannung oder Beeinflussung, und der Schüler dürfte die technischen Begriffe oder Symbole nicht kennen, mit deren Hilfe sie anderen korrekt oder präzise beschrieben werden könnten.

> Musik anhören mit einem gewissen Urteilsvermögen und unter gewisser Beachtung, wie die verschiedenen musikalischen Elemente und Instrumente zum Gesamteffekt beitragen.
>
> Auf den Rhythmus laut vorgetragener Poesie oder Prosa hören.

2.0 Reagieren (Responding)

Auf dieser Ebene beschäftigen wir uns mit Reaktionen, die über ein bloßes Beachten der Phänomene hinausgehen. Der Schüler ist genügend motiviert, so daß er zwar nicht gerade „gewillt" ist, zu beachten, aber — wie man korrekt sagen könnte — doch so, daß er aktiv beachtet. Auf der ersten Stufe widmet sich der Schüler selbst in geringem Maß den Phänomenen, um die es geht, in einem „learning by doing"-Prozeß. Dies ist eine sehr niedrige Ebene des Engagements, und wir würden auf dieser Ebene nicht sagen, daß es sich um einen „ihm zuzuschreibenden Wert" handle oder daß er „die und die Haltung" besitze. Diese Begriffe gehören zur nächsthöheren Ebene, die wir beschreiben werden. Aber wir können sagen, daß er mit dem Phänomen etwas anfängt, was über das reine Bemerken hinausgeht, wie es auf der vorausgegangenen Ebene der „kontrollierten oder ausgewählten Aufmerksamkeit" beschrieben wurde. Ein Beispiel für ein solches „Reagieren" wäre die Befolgung von Gesundheits- und Sicherheitsregeln oder der Gehorsam gegenüber Verhaltensregeln.

Die Kategorie des „Reagierens" wurde in drei Subkategorien unterteilt, um das Kontinuum Reagieren derart zu beschreiben, daß der Lernende sich in einem zunehmenden Maße der Einübung und den Phänomenen des Lernziels anvertraut. Die niedrigste Stufe wird im folgenden Abschnitt erläutert und „Einwilligung ins Reagieren" genannt. Wie die Bezeichnung andeutet, ist es auf dieser Ebene das Element der Einwilligung oder des Gehorsams, das es von der nächsten Ebene, der „Bereitwilligkeit zum Reagieren", unterscheidet. Schließlich ist auf einer noch höheren Ebene der Internalisation eine „Befriedigung beim Reagieren" festzustellen, die auf der vorausgehenden Ebene der Bereitwilligkeit oder Zustimmung zum Reagieren nicht erreicht wurde. Mit einem emotionalen Reagieren auf Freude, Genuß oder Vergnügen haben wir diese dritte Stufe erreicht.

2.1 Einwilligung ins Reagieren (Acquiescence in Responding)

Bereitwilligkeit, Gesundheitsregeln zu befolgen.

Verkehrsregeln zu Fuß und mit dem Fahrrad an Kreuzungen und anderswo beachten.

2.2 Bereitwilligkeit zum Reagieren (Willingness to Respond)

Aus eigenem Antrieb an einer Vielzahl von konstruktiven Hobbies und Freizeitbeschäftigungen interessiert sein.

Ruhig bleiben, wenn die Gelegenheit oder die Situation Ruhe erfordern (die Situation muß klar definiert werden).

Zur Gruppendiskussion durch provokative Fragen beitragen.

2.3 Befriedigung beim Reagieren (Satisfaction in Response)

Freude am Lesen zur Erholung finden.

Gefallen finden am Anhören verschiedener menschlicher Stimmen mit großen Unterschieden in Tonhöhe, Stimmqualität und regionalen Akzenten.

3.0 Werten (Valuing)

Dies ist die einzige Kategorie, die einen Begriff zur Überschrift hat, der in den Lernzielvorstellungen der Lehrer allgemein gebräuchlich ist. Weiter ist es in seinem üblichen Sinn gebraucht — nämlich, daß eine Sache, ein Phänomen oder Verhalten Wert haben. Diese abstrakte Auffassung von Wert ist nicht so sehr das Resultat des eigenen Wertens oder Einschätzens des Individuums als vielmehr ein soziales Produkt, das langsam internalisiert oder akzeptiert und vom Schüler als sein eigenes Werkkriterium verwendet wird. Das auf dieser Ebene kategorisierte Verhalten ist genügend konsistent und beständig, um die Charakteristika eines Glaubens oder einer Haltung angenommen zu haben. Der Lernende zeigt dieses

Verhalten mit genügender Konsistenz in geeigneten Situationen, so daß bei ihm eine Werthaltung festgestellt werden kann. Auf der niedrigsten Ebene des Wertens ist er zumindest bereit, es zuzulassen, daß er so eingeschätzt wird; auf der höheren Ebene dagegen kann er sich so benehmen, daß er diesen Eindruck noch selbst unterstützt.

3.1 *Akzeptieren eines Wertes (Acceptance of a Value)*

> Einen Sinn für Verantwortung beim Anhören und Teilnehmen an einer Diskussion besitzen.

3.2 *Bevorzugen eines Wertes (Preference for a Value)*

> Zurückhaltende Gruppenmitglieder in ein Gespräch ziehen.

> Interesse, andere Personen zu befähigen, eine Befriedigung aus grundlegenden allgemeinen Bedürfnissen zu erlangen.

> Wunsch, an der Verbesserung der Gesundheitsvorschriften zu arbeiten.

3.3 *Verpflichtung (Committment)*

> Entschlossene Loyalität gegenüber verschiedenen Gruppen, in denen man Mitglied ist.

> Religion aktiv im persönlichen und familiären Leben praktizieren.

> Vertrauen haben in die Macht der Vernunft und in die Methoden der Experimente und der Diskussionen.

4.0 Organisation (Organization)

Wenn der Lernende nacheinander Werte internalisiert, stößt er auf Situationen, für die mehr als ein Wert relevant ist. So ergibt sich die Notwendigkeit, a) Werte in ein System einzuordnen, b) die Beziehungen zwischen ihnen zu bestimmen, c) herauszufinden, welches der vorherrschende und durchschlagende Wert sein wird.

4.1 *Begreifen eines Wertes (Conceptualization of a Value)*

> Wunsch, eine geschätzte Sache zu beurteilen.

> Die grundlegenden Voraussetzungen für Moralvorstellungen und Glaubensbekenntnisse herausfinden und strukturieren.

4.2 *Organisation eines Wertsystems (Organization of a Value System)*

> Abwägen alternativer gesellschaftspolitischer Entscheidungen und Maßnahmen nach den Grundsätzen des Gemeinwohls anstatt nach dem Vorteil für spezifische und eng begrenzte Interessengruppen.

5.0 Charakterisierung durch einen Wert oder eine Wertstruktur (Characterization by a Value or Value Concept)

Auf dieser Internalisationsebene haben die Werte schon einen Platz in der Werthierarchie des Individuums, sind sie geordnet nach verschiedenen Arten innerlich konsistenter Systeme, haben sie das Verhalten des Individuums für eine hinreichende Zeit kontrolliert, so daß es sich an ein derartiges Verhalten angepaßt hat und ein Hervorrufen dieses Verhaltens nicht mehr regelmäßig von einer Emotion oder Affekten begleitet ist.

Das Individuum handelt durchweg in Übereinstimmung mit den auf dieser Stufe internalisierten Werten; auf zwei Dinge ist hinzuweisen: a) auf die Verallgemeinerung dieser Kontrolle zu einem so großen Anteil am Verhalten des Individuums, daß dieses als Person mit Hilfe dieser durchschlagenden Kontrolltendenzen beschrieben und charakterisiert werden kann; b) auf die Integration dieser Überzeugungen, Gedanken und Haltungen in eine Gesamtphilosophie oder Weltanschauung. Diese zwei Aspekte bilden die Subkategorien.

5.1 *Allgemeine Einstellung (Generalized Set)*

Bereitschaft, angesichts von Beweismaterial Urteile zu revidieren und das Verhalten zu ändern.
Objektive und systematische Planung als Grundmethoden zur Erlangung befriedigender Wahlmöglichkeiten akzeptieren.

5.2 *Charakterisierung (Characterization)*

Für die Regelung des persönlichen und des politischen Lebens einen Verhaltenskodex entwickeln, der auf ethischen Prinzipien basiert und mit den Idealen der Demokratie übereinstimmt.
Eine konsistente Lebensphilosophie entwickeln.
Ein Gewissen entwickeln.

Psychomotorische Dimension, von R. H. Dave

(zitiert nach dem Auszug bei Christine Möller, Technik der Lernplanung, 4. Aufl. Weinheim 1973, S. 255–256)

1.00 Imitation

Wenn der Lernende mit einer beobachtbaren Handlung konfrontiert wird, beginnt er, diese Handlung nachzuahmen.

1.10 *Imitationsimpulse*

Die Nachahmung kann nicht beobachtet werden, da sie mit einer inneren Wiederholung eines muskulären Systems einsetzt, das durch einen inneren Impuls zur Nachahmung der Handlung gesteuert wird.

1.20 *Beobachtbare Wiederholung*

Dies ist die beobachtbare Ausführung einer Handlung zusammen mit der Fähigkeit, diese zu wiederholen. Der Ausführung der Handlung fehlt jedoch noch die

Lernziel-Taxonomie 149

neuromuskuläre Koordination oder Steuerung, so daß sie im allgemeinen grob und unvollkommen ist.

2.00 Manipulation
Entwicklung von Fertigkeiten beim Befolgen von Anweisungen, Ausführen selektiver Handlungen und Festigung des Handlungsablaufs mit fortschreitender Übung.

2.10 *Befolgen einer Anweisung*
Der Lernende ist in der Lage, eine Handlung nicht allein aufgrund der Beobachtung, sondern nach einer Instruktion auszuführen.

2.20 *Selektion*
Der Lernende fängt an, zwischen verschiedenen Handlungen zu differenzieren und das erforderliche Verhalten auszuwählen.

2.30 *Festigung eines Handlungsablaufes*
Der Lernende gewinnt eine gewisse Geübtheit in der Manipulation bestimmter Geräte. Allmählich kommt es nach ausreichender Übung des ausgewählten Handlungsmusters zu einer Festigung desselben. Die Handlung wird ziemlich sicher, aber noch bewußt kontrolliert ausgeführt.

3.00 Präzision
Auf dieser Stufe werden Genauigkeit und Maßverhältnisse beim Reproduzieren bedeutsam. Der Lerner wird allmählich vom Modell unabhängig.

3.10 *Reproduzieren*
Die Beherrschung beim Reproduzieren der Handlung erreicht ein höheres Niveau der Verfeinerung. Hier werden Genauigkeit, Maßverhältnisse und Exaktheit der Leistung bedeutsam.

3.20 *Steuerung*
Der Lernende wird von dem ursprünglichen Vorbild, das sein Verhalten leitete, unabhängig. Er kann seine Verhaltensabfolgen so regulieren, daß in dem festgelegten Handlungsablauf beliebige Änderungen herbeigeführt werden können; er kann die Geschwindigkeit erhöhen und herabsetzen; die Leistung ist auf dieser Stufe von Vertrauen begleitet, aber auch von bewußter Wachheit.

4.00 Handlungsgliederung
Hier kommt es darauf an, eine Serie von Handlungen zu koordinieren, indem die geeignete Abfolge und ein harmonisches Zusammenwirken verschiedener Handlungen hergestellt wird.

4.10 *Sequenz*
In vielen praktischen Situationen ist nicht eine, sondern sind eine ganze Reihe von Handlungen auszuführen und dabei verschiedene Körperpartien zu beanspruchen. Der Lernende gelangt dazu, diese Handlungen zu strukturieren.

4.20 *Harmonie*
Der Lernende erwirbt die Gewandheit, eine Reihe von Handlungen gleichzeitig und in Aufeinanderfolge auszuführen, um die gewünschte Übereinstimmung oder den Gleichklang herzustellen.

5.00 Naturalisierung
Auf dieser Stufe erreicht die Handlungsfertigkeit den höchsten Grad der Beherrschung, und sie wird mit geringstmöglichem Aufwand psychischer Energie ausgeführt.

5.10 *Automatisierung*
Die Handlung wird in solchem Maße zur Routine, daß sie in eine automatische und von selbst ablaufende Reaktionsfolge übergeht.

5.20 *Interiorisierung*
Die Handlung ist so automatisiert, daß sie unbewußt ausgeführt wird. Die Person weiß nicht einmal, daß die Handlung abläuft, bis sie gehindert oder ernsthaft gestört wird. Mit anderen Worten, die Handlungsgewohnheit wird zur „zweiten Natur".

Anlage 2
Auswahl-Bibliographie

1. Literaturhinweise zum Thema Lernziel-Analyse

Die folgende Literaturliste ist weder vollständig noch „objektiv" im üblichen Sinne. Sie enthält diejenigen Titel, die einen gründlichen Überblick über die gegenwärtige Diskussion ermöglichen.

Die mit * versehenen Titel sind wegen Verständlichkeit und didaktischer Aufbereitung besonders zu empfehlen.

Beiträge zum Lernzielproblem, hrsg. vom Kultusminister des Landes NW,
  Heft 16 der Schriftenreihe „Strukturförderung im Bildungswesen des
  Landes NW", Henn-Verlag, Ratingen 1972
Lernziele der Gesamtschule, hrsg. von Hartmut von Hentig, 3. Aufl., Klett Verlag,
  Stuttgart 1971
  (Dieser fast schon wieder als historisch zu bezeichnende Text enthält eine
  Beschreibung von 13 allgemeinen Lernzielen der Gesamtschule [von Hentig]
  und mehrere fachdidaktische Beiträge.)
Wolfgang Klafki u. a.: Probleme der Curriculumentwicklung, Diesterweg Verlag,
  Frankfurt 1972
  (Der Aufsatzband reflektiert die Probleme der Curriculum-Entwicklung
  in Hessen. 56 Seiten beschäftigen sich mit der Lernziel-Problematik.)
K. J. Klauer u. a.: Lehrzielorientierte Tests, Schwann Verlag, Düsseldorf 1972
  (Band 1 der Studien zur Lehrforschung)
  (In sieben Beiträgen werden Probleme der empirischen Formulierung von
  Lernzielen höchst differenziert diskutiert. Das Buch wendet sich an den
  empirischen Unterrichtsforscher; zur Einführung in die Lernziel-Problematik
  nicht geeignet.)
**Lutz Koch*:* Ist Mündigkeit operationalisierbar?, in: Pädagogische Rundschau,
  Jg. 26 (1972), Heft 6, S. 486–493
David R. Krathwohl: Der Gebrauch der Taxonomie von Lernzielen in der Curriculumkonstruktion,
  in: Achtenhagen/Meyer (Hrsg.): Curriculumrevision –
  Möglichkeiten und Grenzen, 3. Aufl., Kösel Verlag, München 1972,
  S. 75–97
  (Diese leicht lesbare Einführung in die Bloomsche Lernziel-Taxonomie
  betont gerade die Grenzen der Anwendbarkeit von Taxonomien bei der
  Konstruktion. Über seinen behavioristischen Schatten kann Krathwohl
  allerdings auch nicht springen!)
Robert F. Mager: Lernziele und Programmierter Unterricht, 14. Auflage, Beltz
  Verlag, Weinheim 1970
  (Dieses in theoretischer Hinsicht sehr magere Bändchen ist sehr ansprechend
  geschrieben; für Kultusminister Grund genug, das Buch an die Mitglieder
  von Curriculum-Kommissionen zu verschenken. Im Blick auf die Manipulierbarkeit
  von Schülerverhalten ist Magers Mangel an Problembewußtsein
  kaum zu überbieten.)
Robert F. Mager: Zielanalyse, 1. Aufl., Beltz Verlag, Weinheim 1973
**Rudolf Messner/Horst Rumpf* (Hrsg.): Didaktische Impulse, Studientexte zur
  Analyse von Unterricht, Österreichischer Bundesverlag, Wien 1971
  (Ein sehr empfehlenswertes, verständlich geschriebenes Buch mit Beiträgen
  zum:
  – Operationalisieren

- Hierarchisieren
- Programmieren
- Leistungsmessen u. a.)

Christine Möller: Technik der Lernplanung, 4. völlig neugestaltete Auflage, Beltz Verlag, Weinheim 1973
(Der Verlagshinweis auf die Neugestaltung ist kein Kundenfang. Das Buch ist neu konzipiert und in zentralen Thesen verändert. Zusätzlich enthält der Text sehr hilfreiche Schautafeln und Übungsaufgaben.
Der technologische, gegenüber gesellschaftstheoretischen Fragen unkritische Ansatz ist allerdings aus den vorausgegangenen Auflagen hinübergerettet. Deshalb bestehen weiterhin grundsätzliche Einwände.)

Burrhus F. Skinner: Jenseits von Freiheit und Würde, 1. Aufl., Rowohlt Verlag, Reinbek bei Hamburg 1973
(Skinner diskutiert in diesem Band mehr die Möglichkeiten und weniger die Grenzen der Verhaltenstechnologie; er vertritt die These, daß die aus der philosophischen Tradition übernommenen Begriffe wie Freiheit und Würde aufgegeben werden sollten, weil sie für die Diskussion der Verhaltenstechnologie nicht geeignet seien; ein journalistisch aufgemachtes, leicht lesbares Buch, das jedoch über den Dogmatismus seines behavioristischen Grundansatzes nicht hinauskommt.)

Taxonomie von Lernzielen im kognitiven Bereich, hrsg. von Benjamin Bloom u. a., Beltz Verlag, Weinheim 1972
(Diese deutsche Übersetzung der Bloomschen Lernziel-Taxonomie enthält im Anhang einen Aufsatz von Rudolf Messner über „Funktionen der Taxonomien für die Planung von Unterricht".)

*Thema Curriculum, hrsg. vom Arbeitskreis Curriculum, Verlag Lothar Rotsch, Bebenhausen, Hefte 1 und 2, 1972
(enthält u. a.: Robert M. Gagné: „Operationalisierte Lernziele? – Ja!"; George F. Kneller: „Operationalisierte Lernziele? – Nein!"; U. Liebe-Harkort: „In Memoriam Behavioral Objectives"; Hans Brügelmann: „Lernziele im offenen Curriculum/Mit einer Auswahlbibliographie zur Lernzielproblematik"; sehr empfehlenswert!)

*Siegfried Thiel: Lehr- und Lernziele, Otto Maier Verlag, Ravensburg 1973 (Reihe Workshop Schulpädagogik, Heft 2)
(Ein didaktisch und methodisch aufbereiteter, wenn auch immer noch relativ komprimierter Text zu Curriculum- und Lernziel-Problemen. Es ist bezeichnend, daß erst die Spielmittel-Verlage kommen müssen, um vorzuführen, wie Hefte aussehen sollten, mit denen man tatsächlich *arbeiten* kann.)

Christoph Wulf: Heuristische Lernziele – Verhaltensziele, in: Saul B. Robinsohn (Hrsg.): Curriculumentwicklung in der Diskussion, Klett Verlag, Stuttgart/ Schwann Verlag, Düsseldorf 1972, S. 36–45

2. Kontrastprogramm

Die folgende Liste enthält in einer knappen Auswahl Texte, die nicht in den Problemen der Zielanalyse befangen sind, sondern darüber hinausweisen. Dadurch wird es möglich, auf ihrer Grundlage die Reichweite eines lernzielorientierten Unterrichts abzustecken.

Anlage 2

betrifft: erziehung: Heft 5/Mai 1973 „Der heimliche Lehrplan – was wirklich gelernt wird"

Herwig Blankertz: Theorien und Modelle der Didaktik, 7. Auflage, Juventa Verlag, München 1973

Klaus-Jürgen Bruder: Taylorisierung des Unterrichts. Zur Kritik der Instruktionspsychologie, in: Kursbuch 24, Kursbuch Verlag/Wagenbach Berlin, Juni 1971

(vgl. auch vom selben Autor: Die Atomisierung des Lernens, in: betrifft: erziehung, Jg. 4/1971, S. 23–32)

(Bruder bezeichnet den Versuch, sämtliche Risiken des Unterrichts und damit die Freiheitsspielräume des Unterrichts durch Technologie auszuschalten, als „Taylorisierung". In welchem Ausmaß dies bereits möglich ist, wird an zahlreichen Beispielen aus dem nordamerikanischen Bildungswesen illustriert.)

Hans Brügelmann: Offene Curricula, in: Zeitschrift für Pädagogik, Jg. 18 (1972), Heft 1, S. 95–118)

Peter Fürstenau u. a.: Zur Theorie der Schule, Beltz Verlag, Weinheim 1969

(Dieser Aufsatzband enthält zwei Beiträge von Fürstenau, die zwar die Themen „Curriculum" oder „Lernziel" völlig ausklammern, aber gerade deshalb geeignet sind, dem Leser den letzten eventuell noch vorhandenen Rest von Curriculum-Euphorie zu nehmen: „Zur Psychoanalyse der Schule als Institution", S. 9–26; „Neuere Entwicklungen der Bürokratieforschung und das Schulwesen", S. 47–66.)

Hartmut von Hentig: Guernavaca oder Alternativen zur Schule, Klett Verlag, Stuttgart 1972

(Zwar sagt der Text manchmal hüh und manchmal hott, er zeigt aber, daß in den USA auch noch über andere Dinge als über die Technologisierungsmöglichkeiten von Unterricht gesprochen wird.)

Freerk Huisken: Zur Kritik bürgerlicher Didaktik und Bildungsökonomie, List Taschenbücher der Wissenschaft, München 1972, Nr. 1663

Dieter Lenzen: Taxonomische Ansätze in der Curriculumkonstruktion, in: Saul B. Robinsohn (Hrsg.): Curriculumentwicklung in der Diskussion, Klett Verlag Stuttgart/Schwann Verlag, Düsseldorf 1972, S. 54–62

Hilbert L. Meyer: Einführung in die Curriculum-Methodologie, Kösel Verlag, München 1972

Horst Rumpf: Zweifel am Monopol der zweckrationalen Unterrichtskonzepte, in: Neue Sammlung, 11. Jg. (1971), Heft 5, S. 393–411

Wolfgang Sachs/Christoph Th. Scheilke: Folgeprobleme geschlossener Curricula, in: Zeitschrift für Pädagogik, Jg. 19 (1973), Heft 3, S. 375–390

Gösta Thoma: Methodenprobleme und Steuerungsprogramme von Unterricht, in: Peter Menck/Gösta Thoma (Hrsg.): Unterrichtsmethode, Kösel Verlag, München 1972, S. 186–211

(Eine konzentrierte und äußerst perspektivenreiche Einführung in die Zweck-Mittelproblematik des Unterrichts.)

Die in diesen zweiten Abschnitt aufgenommene Literatur ist z. T. anspruchsvoll geschrieben. Sie sollten sich bei der Lektüre mit Geduld und einem Fremdwörterbuch wappnen!

3. Verzeichnis der in den Trainingsbogen zitierten Richtlinien und Lehrpläne

Handreichungen für Lernziele, Kurse und Projekte im Sekundarbereich II,
    hrsg. vom Niedersächsischen Kultusminister, 3 Hannover, Am Schiffgraben 12, März 1972
Kollegstufe NW, hrsg. vom Nordrhein-Westfälischen Kultusminister, Heft 17 der Schriftenreihe „Strukturförderung im Bildungswesen des Landes NW", Henn Verlag, Ratingen 1972
Rahmenlehrpläne für die beruflichen Schulen des Landes Hessen, hrsg. vom Hessischen Kultusminister, Wiesbaden 1972
Rahmenrichtlinien Sekundarstufe I, hrsg. vom Hessischen Kultusminister 1972
Richtlinien und Lehrpläne für die Grundschule in Nordrhein-Westfalen, hrsg. vom Kultusminister, Schriftenreihe „Die Schule in Nordrhein-Westfalen", Heft 42, Henn Verlag, Ratingen 1973
Richtlinien für den Politischen Unterricht, hrsg. vom Kultusminister des Landes Nordrhein-Westfalen, Hagemann Verlag, Düsseldorf/Klett Verlag, Stuttgart 1973
Richtlinien für die Volksschulen des Landes Niedersachsen, hrsg. vom Niedersächsischen Kultusminister, Schroedel Verlag, Hannover 1963
Schulreform NW Sekundarstufe II, Arbeitsmaterialien und Berichte, Eine Schriftenreihe des Kultusministers des Landes Nordrhein-Westfalen, 4 Düsseldorf, Völklinger Str. 49, Hefte 1 bis 20, 1. Aufl. 1972
    In den Trainingsbogen meistens zitiert als *„Hefte zur KMK-Oberstufenreform in NW"*

Anlage 3
Erholungsbogen

Nach *sechs* Trainingsbogen ist *ein* Erholungsbogen sicherlich gerechtfertigt. Dieser Bogen enthält:
- ein Kreuzworträtsel
- ein Sechs-Phasenmodell eines Schulversuchs
- ein Mini-Manual der Curriculum-Entwicklung
- eine Funktionsbestimmung der Curriculum-Forschung
- ein Cartoon und
- ein Beispiel vorbildlicher curricularer Aufarbeitung

1. Kreuzworträtsel

Waagerecht

1. ohne seine Funktion wären viele pädagogische Begriffe tot
7. der Hunger darauf hat nicht nur Napoleon und Hitler in Schwierigkeiten gebracht
12. ein feineres Wort für „Lehrplan", besonders wenn man's mit der Wissenschaft hält
13. Bad Homburg v. d. H.
14. französisch Wort für „Gattung", besonders, wenn's gemalt ist
16. ein Stein, zur Hälfte 28 senkrecht
17. unter Curriculisten sollten Sie dieses Wort gelegentlich benutzen; man sieht dann, daß Sie „in" sind
20. so streng wie dieser Römer behandelt Meyers Trainingsprogramm seine Kinder nicht
23. wo gehobelt wird, da fällt er im Plural
25. ein wirklich geheimer Erzeugungsrat weiß ihnen auszuweichen
29. Löwenname
31. Heilmittel, aber nicht gegen Bildungsreformen
32. so macht Curriculum die Kinder
33. mit ihm beginnt die Rechendidaktik
34. Kapitel des Korans
35. so einer war Saul B. Robinsohn in der Curriculum-Forschung (auf Französisch)
36. sein eigenes sollte man verstehen
37. solche Handschuhe sollten sich die Curriculum-Revisionisten anziehen
39. er hatte es auch mit einer Taxonomie (Nachname)
41. die Hälfte eines Prestige-Objekts (nie für Lehrer!)
44. Papstname
45. wenn dieses lateinische Verb substantiviert wird, wird's oft genug zum Terror statt zur Tugend
49. zwar die Adressaten des Curriculum, aber doch kaum in ihm zu finden

Senkrecht

1. unerläßliche Hilfsmittel zur Darstellung komplexer Sachverhalte
2. dann ist der Trug auch nicht weit
3. dafür sind die Deutschen berühmt – in Kultusministerien merkt man's nicht immer
4. so ist das Licht, das die Lernzielanalyse auf die Unterrichtspraxis wirft
5. Ureinwohner Japans
6. das beschert die reformierte Sekundarstufe II den Hochschulen
7. und die Mutter blickte ... auf dem ganzen Tisch herum (aber auf Französisch, bitte!)
8. Vorname, besonders in Bayern, auch bei ehedem großem Pädagogen
9. parteiloser Reichskanzler (1922/23) – manch einer erhielt seine Rente
10. Monogramm von einem, der auszog, das Deduzieren zu lernen
11. in der Lernzielanalyse halten manche es eher für einen Zaubertrank des Miraculix
15. Gesamthochschul-Minister
18. so sollten alle Tests sein

Erholungsbogen 159

1	2	3	4	5	6	7	8	9	10	11
12										
13		14			15		16			
17	18								19	
20				21		22	23	24		
25			26		27		28	29	30	
31							32			
33				34				35		
36						37			38	
	39		40				41	42		43
44			45	46				47	48	
49						50				

19 normalerweise eine Interjektion — in Kreuzworträtseln in der Regel chemisches Element
21 er hält für angeboren, was das Curriculum mit Lust und Fleiß bewirken will (Nachname, i = j)
22 wenn ein Professor dazu wird, die Wissenschaft zu leicht verdirbt
24 wann wird das Neutrum Curriculum zu Neutra Curricula?
26 primäre Sozialisationsagentin
27 Nervenzelle, im Plural
28 ... sei der Mensch, hilfreich und gut
30 ein wenig weiter gesponnen kommt das heraus, was die affektive Lernzieldimension zu verwalten hat
36 die ... der frommen Denkungsart
37 sind Lernziele von dieser Art, wird's formulieren nicht zu hart
38 Chlor
39 ein ander Wort für Stein fällt Ihnen bei Lore ein!
40 in Süddeutschland: unterhalb
42 eine Abkürzung, die Sie nicht kennen — da müssen Sie schon andersrum raten
43 obligatorisch für jedes anständige Kreuzworträtsel (einer von Noahs Söhnen!)
46 Verneinung, ländlich
47 außerordentlich
48 damit möchte manch einer als 80 wankeln

2. Sechs-Phasenmodell eines Schulversuchs

Folgende ansprechende Kurzfassung der Phasen eines Schulversuchs verdanken wir Herrn Studiendirektor Helmut Geck, Recklinghausen:

Erste Phase	Allgemeine Begeisterung
Zweite Phase	Allgemeine Verwirrung
Dritte Phase	Generelle Frustration
Vierte Phase	Suche nach den Schuldigen
Fünfte Phase	Bestrafung der Unschuldigen
Sechste Phase	Beförderung der Unbeteiligten

3. Mini-Manual der Curriculumentwicklung

Das beste und schnellste Verfahren, um zu lernzielorientierten Curricula und damit auf die Höhe der Zeit zu kommen, ist die Substitutionstheorie, bekannt auch als Mini-Manual oder A-B-C-Verfahren. Es verbindet ein Höchstmaß an Praktikabilität mit einem ansprechenden wissenschaftlichen Äußeren. Vermutlich ist es auch in Ihrer Fachdidaktik bereits mit Erfolg eingesetzt worden:

Input	Ein beliebiger stoffbezogener Lehrplan
A	Streichen Sie bitte in Ihrem Text überall das Wort „Lehrplan" und ersetzen Sie es durch *„Curriculum"*!
B	Ersetzen oder ergänzen Sie bitte alle vorkommenden Adjektive durch das neue Adjektiv *„kritisch"*!
C	Setzen Sie vor jede Stoffangabe die Formel: *„Fähigkeit und Bereitschaft zu ..."*!
Output	Ein lernzielorientiertes Curriculum

4.

> **These:** Die Funktion der Curriculumforschung liegt darin, bisher einfach zu lösende Probleme so lange zu komplizieren, bis man auf gerechtfertigte Weise entscheidungs- und handlungsunfähig geworden ist.

In dieser These werden die zwei wesentlichen Vorteile gegenüber herkömmlicher Lehrplanarbeit bereits angedeutet:
— Die Entscheidungsunfähigkeit kann mit nur geringen Anstrengungen theoretisch gerechtfertigt werden.
— Zusätzlich fällt dieser Zustand dank der Sprache, die die Curriculum-Forschung verwendet, kaum mehr auf.

Beleg

Da die These A noch zu verständlich formuliert worden ist, finden Sie im folgenden zwei Neuformulierungen in einer wissenschaftlich ansprechenderen Gestalt:

Erster Vorschlag:

> „In der Warenwelt des Curriculum reproduziert sich über die Ware Curriculum der Warenfetischismus in der Produktion der Ware Arbeitskraft."

Zweiter Vorschlag:

> „Eine systemtheoretisch artikulierte Kritik curricularer Strategien der Komplexitätsreduktion kulminiert in der bei Niklas Luhmann selbst noch nicht ausgesprochenen, dennoch nahegelegten Einsicht in die Reflexivität aller Theorienbildung: Curriculum-Forschung wird sich selbst zum funktionalen Äquivalent."

5. Cartoon zur Manipulation des Menschen aus der Sicht der Maus

(Nachtrag zum Trainingsbogen 1, Abschnitt 6)

"Endlich habe ich diesen Burschen konditioniert! Jedesmal, wenn ich den Hebel runterdrücke, wirft er ein Stück Futter in den Käfig!"

6. Curriculum?

Offen gestanden, ich bin nur Werklehrer und zugegeben: Ich will eigentlich nur ein Brett auseinandersägen lassen. Da ich aber weiß, daß so etwas Primitives heute verpönt ist und überdies ein schlechtes Licht auf die PH, von der ich komme, werfen würde, versuche ich erst einmal, das Brett in den Explorationshorizont des Kindes zu stellen.

Das ist gar nicht so einfach. Auch bin ich mir noch nicht klar darüber, auf welche Lernzielebene ich das abgesägte Stück des Brettes legen soll, ich schwanke noch zwischen der Stufe der Reproduktion und derjenigen des Transfer. Vielleicht aber sollte ich mich lieber für den curricularen Projektionshintergrund einer kreativen Lernsequenz entscheiden.

Ich könnte natürlich auch das ganze Brett als Prinzipienziel betrachten und es hinterher in Globalziele, Teilziele, Feinziele und Einzelziele zersägen lassen.

Vor allem für die Globalziele hat mir der Vertreter einer bayerischen Werkzeugfirma erst jüngst eine hervorragende Projektsäge verkauft.

Ich wäre mit meiner didaktischen Analyse sicher schon viel weiter, wenn ich nicht in einem progressiven Schulgebäude mit multifunktionalen Wänden säße. Ständig stört mich nämlich bei meinen Überlegungen der integrierte Schulchor, der gerade den Kanon einübt: „Curriculum, Curriculum, Curricula, wir sind schon weiter als Amerika."

Aber im Grunde genommen muß ich den Störenfrieden dankbar sein. Denn ohne die musische Unterbrechung meines kognitiven Gedankenflusses hätte ich sicherlich das Wichtigste vergessen: die Handlungsstrategie zur Curriculumskonstruktion, ohne die ein Brett in der Schule, zumal im Unterricht, heute nicht so ohne weiteres auseinandergesägt werden kann und darf. Ich muß mich wohl oder übel mit der lernzielorientierten Lehrplanrevision befassen. Sicherlich, ich habe hier die Wahl zwischen der formalen und der substantiellen Rationalität. Aber was hilft mir das schon, wenn ich an die Wert-Ziel-Problematik der Curriculum-Theorie denke.

Mein Gott! Insbesondere das wechselseitige Spannungsverhältnis zwischen Values, Objectives, Subjects und Matters einerseits, den Methods und Organisations im Zusammenhang mit der Evaluation andererseits macht mir noch viel zu schaffen.

Ein Glück, daß die sozialkulturelle Situation in meinem Werkraum geklärt ist. Ich bin der Werklehrer und gebe an, was gemacht wird. Die Schüler tun das auch. Nur einige sind darunter, die inzwischen begriffen haben, daß man Arbeit auch durch Diskussion ersetzen kann. Wie das alles einmal ausgehen wird, weiß ich nicht. Aber die Präzisierung meines ökonomischen Modells steht fest, auch wenn ich die Wechselwirkung von Subjekt und Objekt a priori eskamotiere.

Indem ich meine Tabakpfeife erneut stopfe und in Brand setze, gewinne ich auch Klarheit über die impliziten und expliziten Lernziele: Eines ist jetzt schon sicher: Ich werde in der nächsten Stunde noch auf die kontinuierliche Zielsetzung verzichten müssen, weil der Professor, bei dem ich das Werken lernte, mit seinem Buch hierüber noch nicht fertig ist.

Es läutet, ich muß in den Unterricht! Ich werde — wenn schon mit schlechtem Curriculum-Gewissen — heute noch einmal und ganz bestimmt letztmalig mein Brett auf die alte Art und Weise auseinandersägen lassen.

Berliner Lehrerzeitung 4-72 Gestaltung Dr. Grunert

7. Puzzle

Nicht nur dem Puzzle-Fan sei die folgende Zeichnung empfohlen! Sollten Sie selbst einmal in die Notlage kommen, ein Curriculum basteln zu müssen, so empfiehlt sich die von Hartmut Klinge dem Kultusminister nachempfundene Bauanleitung (aus: Richard Kelber/ Brigitte Schreiber: Wie verhindert man Schulreform?, Raith Verlag Starnberg 1973, S. 44):

Auflösung zu Abschnitt 1

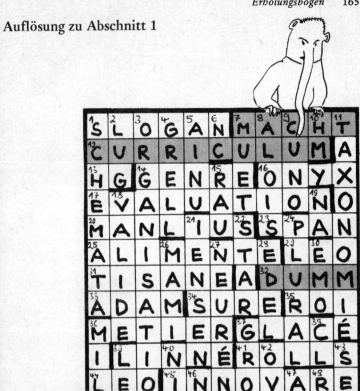

Fazit: Curriculum macht Kinder dumm —
man muß es nur richtig ordnen!

Register

Ableitung von Lernzielen 36, 65, 117
abstrakt 25, 37 ff., 88
Abstraktionsniveau 36 ff.
— Funktionen 36, 46
— Schätzung 45, 51
affektiv 81 ff., 105 f., 144
Allerleirauh-Curriculum 75
Analyse (= 4. Hierarchiestufe) 142
Analyseinstrument 110
analytisch 86, 89, 96
Anwendung (= 3. Hierarchiestufe) 142
Aufmerksamkeit 21
Aufmerksamwerden; Beachten (= 1. Hierarchiestufe) 144
Auswahlkriterien 74, 97, 118, 123

Behaviorismus 16, 18 f., 64, 102
Beobachtung, beobachtbar 16, 20, 31, 67
Bereitschaft 83
Beurteilung (= 6. Hierarchiestufe) 111, 144
Bewertungsmaßstab 67

Charakterisierung (= 5. Hierarchiestufe) 148
Curriculumbegriff 116, 130 ff.
— im engeren Sinne 124
— im weiteren Sinne 124, 131 ff.
Curriculum-Entwicklung 21, 130
Curriculum-Kriterien 132 ff.

Deduktionsproblem 117
deskriptiv 80
Dialektik 37, 46
Dimensionierung von Lernzielen 80 ff., 107
Disposition 19, 31

Emanzipation 49, 58, 72
Entscheidungsprozeß 117, 125, 133
Entscheidungsspielraum des Lehrers 23, 25, 69, 71
Entscheidungsvorbereitung 97, 110
Evaluation 134

Fachdidaktik 124, 133
Fähigkeit 83
Feinziel 47, 50, 65

Globalziel 52
Grobziel 47, 50, 58, 65

Handlungsgliederung (= 4. Hierarchiestufe) 149
Hermeneutik 65
heuristisch 111
Hierarchie 94, 96
Hierarchisierung 94 ff., 138
— Funktion 111
— Kriterium 95 f.
Hierarchisierungs-Hypothese 110
Hierarchiestufen 95, 99, 102

Ideologie, Ideologe 17, 118
Imitation (= 1. Hierarchiestufe) 148
Implikationszusammenhang 70, 125
Indikatorenbildung 61
Interesse 118, 132
Interessengruppe, gesellschaftliche 116
Internalisierung, Internalisation 105, 108
Intervallskala 108
Introspektion 19

Kenntnisse (= 1. Hierarchiestufe) 138
Klassifikation 94
Kleinarbeiten 58
kognitiv 80 ff., 138
Komplexität 95, 108
konkret 37
Kontrolle 56
Kontrollentscheidung 70
Kontrollinstrument 72
Koordination 106 f.
Kritikfähigkeit 121
Kursziel 52

Legitimation 133
Lehrmittelindustrie 72
Lehrplan 116
—, stoffbezogen 14
Lehrplankonflikt 117
Lehrplantheorie 116
Leistungsbewertung 97
Leistungskontrolle 14, 74
Lernergebnis 20, 86, 124
Lernfeld 52
Lerninhalt 22, 24, 38, 41
Lernorganisation 69, 125

Lernprozeß 17, 30, 83, 125
Lerntypen-Hierarchisierung 94
Lernziel 20, 86
—, allgemeines 52
— Definition 22
—, fachliches 52
— Inhaltskomponente 23
— Schwierigkeitsgrad 41, 96
— Verhaltenskomponente 23
— Wünschbarkeit 30, 60, 69
Lernzielanalyse 122 ff.
Lernzieleinteilung 31
Lernziel-Hierarchie 94
Lernzielorientierung 14, 133
Lernzieltaxonomie 80

Manipulation 20, 71
Manipulation (= 2. Hierarchiestufe) 149
Meßoperation 62
Methodenentscheidung 70
Methodik 71, 88, 125
Mündigkeit 121

Naturalisierung (= 5. Hierarchiestufe) 150
normativ-analytisch 131

Objektaussage 111
Operation 56, 62
Operationalisierung 121
— im engeren Sinne 57, 62
— im weiteren Sinne 57 ff.
— Funktion 59
— Kriterien 65, 66
— Wünschbarkeit 64
Operationalisierungspostulat 57
Operationalisierungsprozeß 59
Operationalismus 63

Ordinalskala 108
Organisation (= 4. Hierarchiestufe) 147

Positivismus, positivistisch 111, 119, 132
pragmatisch 39
Präzision (= 3. Hierarchiestufe) 149
Problemverlust 57
psychomotorisch 82 ff., 106 f., 148

Qualifikation 22, 23, 43
Quantifizierung 45, 62

Rahmenlehrplan 116
Randbedingungen 60
Reagieren (= 2. Hierarchiestufe) 145
Rechtfertigungsanspruch von Lernzielen 122
Reiz/Reaktion 19, 71
Richtlinien 116
Richtziel 47, 49 f.

semantisch 38, 39 ff.
sensumotorisch 83
Slogan 49
Sprachtheorie, behavioristische 39
syntaktisch 39
Synthese (= 5. Hierarchiestufe) 143

Taxonomie 94 ff.
technokratisch 123

Technologisierung des Unterrichts 72, 90, 131
Teilziel 52
TEO 80, 97, 110
Transferforschung 23
Transparenz 133

Überprüfbarkeit, intersubjektive 19, 31, 95
Unterricht 21, 130
—, programmierter 69, 71

Verantwortung 120
Verbalverhalten 16
Verfahren 57
Verhalten 14 ff.
—, autonomes 72
— Stabilisierung 16, 86
Verhaltensänderung 14, 30, 62
Verhaltensbegriff 16
Verhaltenswissenschaften 17
Verplanung 25
Verständigung 59
Verständnis (= 2. Hierarchiestufe) 141
Vorverständnis 65

werten (= 3. Hierarchiestufe) 146
wertneutral, wertfrei 81, 97, 111, 118
Wissenschaften, empirisch-analytische 18
Wissenschaftstheorie 18

Zeichensystem 39
Zielentscheidung 70
Zielerreichung 56
Zielformel 59

Zuordnungsentscheidungen 98, 101
Zusatzentscheidungen 65, 117
Zuteilungsordnung 94

Fischer Athenäum Taschenbücher

Erziehungswissenschaft

Micha Brumlik

Der symbolische Interaktionismus und seine pädagogische Bedeutung

ca. 180 Seiten (FAT 3010)

Wilhelm Dehn (Hg.)

Ästhetische Erfahrung und literarisches Lernen

ca. 220 Seiten (FAT 3008)

Hans-Georg Herrlitz

Studium als Standesprivileg

176 Seiten (FAT 3005)

Gerd Kadelbach (Hg.)

Bildungsfragen der Gegenwart – Kritiken, Modelle, Alternativen

ca. 250 Seiten (FAT 3001)

Lothar Klingberg

Einführung in die allgemeine Didaktik

ca. 480 Seiten (FAT 3011)

Dieter Lenzen

Didaktik und Kommunikation

ca. 272 Seiten (FAT 3006)

B. Michael/H. H. Schepp (Hg.)

Politik und Schule von der Französischen Revolution bis zur Gegenwart

Bd. 1, ca. 528 Seiten (FAT 3003)
Bd. 2, ca. 350 Seiten (FAT 3004)

Günter Schreiner

Schule als sozialer Erfahrungsraum

380 Seiten (FAT 3007)

Hartmut Titze

Die Politisierung der Erziehung

296 Seiten (FAT 3002)

Bodo Voigt

Bildungspolitik und politische Erziehung in den Klassenkämpfen

ca. 480 Seiten (FAT 3009)

Fischer Athenäum Taschenbücher

Sozialwissenschaften

Helga Deppe-Wolfinger
Arbeiterjugend – Bewußtsein und politische Bildung
348 Seiten (FAT 4006)*

Dieter Claessens/ Petra Milhoffer (Hg.)
Familiensoziologie
428 Seiten (FAT 4011)*

Karl Abraham
Schriften zur Theorie und Anwendung der Psychoanalyse
Eine Auswahl
Herausgegeben von Johannes Cremerius
228 Seiten (FAT 4012)

Helge Pross
Kapitalismus und Demokratie
Studien über westdeutsche Sozialstrukturen
128 Seiten (FAT 4013)*

Urs Jaeggi/ Sven Papcke (Hg.)
Revolution und Theorie I
ca. 250 Seiten (FAT 4017)

Hans-Ulrich Deppe
Industriearbeit und Medizin
Zum Problem des werksärztlichen Dienstes in der BRD
260 Seiten (FAT 4020)*

Alexejew Nikolajew Leontjew
Probleme der Entwicklung des Psychischen
Mit einer Einleitung von Klaus Holzkamp und Volker Schurig
ca. 500 Seiten (FAT 4018)*

* Diese Titel sind gleichzeitig in einer Leinenausgabe im Athenäum Verlag, Frankfurt, erhältlich.

Bildungspolitik
Ausbildungssystem

Christoph Nuber / Inge Krings
Abiturienten ohne Studium
Möglichkeiten und Grenzen ihres beruflichen Einsatzes
1973, 367 Seiten, kart., DM 19,80

Volker Briese / Peter Büchner / Peter Hage
Grenzen kapitalistischer Bildungspolitik
Analyse von Reformstrategien für den Ausbildungssektor
1973, 221 Seiten, kart., DM 22,—

Frieder Naschold
Schulreform als Gesellschaftskonflikt
1973, ca. 100 Seiten, kart., ca. DM 12,—

Sibylle Reinhardt
Zum Professionalisierungsprozeß des Lehrers
Überlegungen zur Lehrer-Schüler-Interaktion und ihrer Sozialisation
1972, 230 Seiten, kart., DM 19,80

Astrid Albrecht-Heide
Entfremdung statt Emanzipation
Sozialisationsbedingungen des zweiten Bildungsweges
1973, ca. 200 Seiten, kart., ca. DM 19,80

ATHENÄUM VERLAG

MODERNE STUDIENBÜCHER

Siegfried Jäger u.a.
Sprechen und soziale Schicht
Werkstattbericht aus dem Forschungsprojekt, Schichtenspezifischer Sprachgebrauch von Schülern
1973, 124 Seiten, kartoniert, 12,80 DM

Jutta Lilienthal
Praxis der Literaturvermittlung
Der Pädagogische Apparat französischer literarischer Schulausgaben
1974, ca. 170 Seiten, kartoniert, ca. DM 14,–

Hermann Keckeis
Das deutsche Hörspiel 1923-1973
200 Seiten, kartoniert, DM 16,80

Ludwig Rohner
Theorie der Kurzgeschichte
1973, 283 Seiten, kartoniert, DM 24,–

Christian Metz
Sprache und Film
1973, 320 Seiten, kartoniert, DM 38,–

Jahrbuch für Internationale Germanistik, Jahrgang V, Heft 1
Rahmenthema VI: Medientheorie und Massenkultur
1974, ca. 200 Seiten, kartoniert, ca. 34,– DM

LiLi-Beiheft
Toni Kaes/Bernhard Zimmermann
Trivialliteratur und Massenkultur
1973, ca. 220 Seiten, kartoniert, ca. DM 18,–

 ATHENÄUM VERLAG

Fischer Taschenbuch Verlag

Politik und Sozialisation

**Urs Jaeggi
Kapital und Arbeit in der Bundesrepublik**
Elemente einer gesamtgesellschaftlichen Analyse
400 Seiten / Bd. TTP 6510

**Tilmann Moser
Jugendkriminalität und Gesellschaftsstruktur**
Zum Verhältnis von soziologischen, psychologischen und psychoanalytischen Theorien des Verbrechens
316 Seiten / Bd. 6158

**Peter Brosch
Fürsorgeerziehung**
Heimterror und Gegenwehr
172 Seiten / Bd. 1234
(Originalausgabe)

**Wilfried Gottschalch
Bedingungen und Chancen politischer Sozialisation**
Aufsätze
142 Seiten / Bd. 1311
(Originalausgabe)

**Irma Gleiss/Rainer Seidel/Harald Abholz
Soziale Psychiatrie**
Zur Ungleichheit in der psychiatrischen Versorgung
280 Seiten / Bd. TTP 6511
(Originalausgabe)

**Wilfried Gottschalch/Marina Neumann-Schönwetter/Gunther Soukup
Sozialisationsforschung**
Materialien, Problematik, Kritik
200 Seiten / Bd. TTP 6503
(Originalausgabe)

Conditio humana
Ergebnisse aus den Wissenschaften
vom Menschen

Sigmund Freud
Studienausgabe in zehn Bänden
*Die erste kommentierte deutsche Edition
Nach Themen geordnet
Herausgegeben von Alexander Mitscherlich,
Angela Richards, James Strachey †*

Ziel dieser Ausgabe ist es, die Hauptwerke Freuds sorgfältig ediert, in leicht zugänglicher thematischer Gliederung und preiswerter Ausstattung vorzulegen.

Band I: Vorlesungen zur Einführung in die Psychoanalyse (Und Neue Folge); Band II: Die Traumdeutung; Band III: Psychologie des Unbewußten; Band IV: Psychologische Schriften; Band V: Sexualleben; Band VI: Hysterie und Angst; Band VII: Zwang, Paranoia und Perversion; Band VIII: Zwei Kinderneurosen; Band IX: Fragen der Gesellschaft / Ursprünge der Religion; Band X: Bildende Kunst und Literatur; Ergänzungsband: Behandlungstechnische Schriften.

Die Sigmund Freud-Vorlesungen

Das New York Psychoanalytic Institute veranstaltet alljährlich anläßlich des Geburtstages von Sigmund Freud eine Vorlesung, zu der ein namhafter Psychoanalytiker eingeladen wird. Diese Vorlesungen erscheinen im Rahmen der Sammlung ›The Freud Anniversary Lecture Series‹ (deutsch unter dem Titel: ›Die Sigmund Freud-Vorlesungen‹) im Druck.

Bisher erschienen:

Freud, A.	*Schwierigkeiten der Psychoanalyse in Vergangenheit und Gegenwart*
Spitz. R. A.	*Eine genetische Feldtheorie der Ichbildung*
Jacobson, E.	*Psychotischer Konflikt und Realität*
Stone, L.	*Die psychoanalytische Situation*
	In einem Band zusammengefaßt:
Deutsch, H.	*Psychoanalytische Studie zum Mythos von Dionysos und Apollo*
Greenacre, Ph.	*Die Suche nach dem Vater*
Waelder, R.	*Psychoanalytische Wege zur Kunst*
	Die Reihe wird fortgesetzt

S. Fischer